CD付

バッチリ 話せる 韓国語

すぐに使えるシーン別会話基本表現

浜之上幸 監修

修社

はじめに

「覚えたい！」「使ってみたい！」
韓国語の表現が
バッチリ話せる！使いこなせる！

韓国語の「覚えたい表現」と「使ってみたい表現」を効率的でムダなくマスターできるように，次のような《5つのバッチリ》で構成しました。

❶ バッチリ！自然な韓国語の発音とリズムを身につける！
　PART1で発音についての基本を解説。本書付属のCDを繰り返し聞き，声を出して発音練習し，自然な韓国語の発音とリズムを身につけましょう。

❷ バッチリ！リスニング力をつける！
　付属のCDを繰り返し聞いてください。とにかく聞きまくることでリスニング力が自然と身につきます。

❸ バッチリ！韓国語ってどんな言葉かがスッキリわかる！
　PART1で韓国語の基本の文法を解説。最初は基本の基本だけを頭に入れるだけにし，話すレッスンの中で文法事項は再チェックしながら覚えるのが効率的です。

❹ バッチリ！日常ミニュケーションが集中マスターできる！
　日常生活で使われる頻度の高い表現を中心に構成。表現はできるだけ簡単で，応用の効くものが中心です。

❺ バッチリ！韓国旅行の必須フレーズが15パターン中心でマスター！
　場面別の韓国旅行会話では，15の基本パターンに色をつけて覚えやすくしていますから，効率的に話す力がつきます。また，対話形式の構成にも重点をおいていますから，会話の状況を目に浮かべながらマスターできます。

　本書で，「これで韓国語はバッチリ決まった！」と実感してください。

C☆O☆N☆T☆E☆N☆T☆S

PART 1 ●すぐに使える！
韓国語の基本《文字・文法・発音》

- 韓国語の文字…ハングル……………………………… 10
- 日本語との共通点……………………………………… 11
- 韓国語の発音…………………………………………… 14
- 反切表を読んでみましょう！………………………… 16
- 合成母音………………………………………………… 18
- 濃音……………………………………………………… 19

日常生活の基本単語……………………………………… 20

PART 2 ●すぐに話せる！
韓国語の基本パターン 15

1.「…は〜です」………………………………………… 28
2.「…は〜ですか」……………………………………… 29
3.「〜します」…………………………………………… 30
4.「〜をください」……………………………………… 31
5.「〜してください」…………………………………… 32
6.「〜してもらえますか」……………………………… 33
7.「〜をお願いします」………………………………… 34
8.「〜したいです」……………………………………… 35
9.「〜したいですか」…………………………………… 36

C·O·N·T·E·N·T·S

10. 「～してもいいですか」 ……… 37
11. 「～がありますか」 ……… 38
12. 「～することができますか」 ……… 39
13. 「～したことがあります」 ……… 40
14. 「～したことがありますか」 ……… 41
15. 具体的な答えを求めるたずね方 ……… 42

PART 3 ●すぐに話せる！
よく使う基本・日常表現

1. 日常のあいさつ ……… 46
2. 感謝する ……… 48
3. 謝る ……… 50
4. 「はい」,「いいえ」 ……… 52
5. 聞き返す ……… 54
6. 食べ物・料理 ……… 56
7. 招待する［される］ ……… 58
8. 友だちになる〈出会い〉 ……… 60
9. 仕事・趣味について ……… 64
10. 韓国・韓国語について ……… 66
11. 連絡・Eメール・パソコン ……… 68

CONTENTS

PART 4 ●すぐに話せる！
韓国旅行重要フレーズ

- 12. タクシーに乗る ………………………………… 72
- 13. バスに乗る ……………………………………… 76
- 14. 地下鉄・電車に乗る …………………………… 80
- 15. ホテル〈チェックインして〉 ………………… 86
- 16. ホテル〈ルームサービス〉 …………………… 92
- 17. ホテル〈クレーム・トラブル〉 ……………… 94
- 18. ホテル〈チェックアウト〉 …………………… 96
- 19. 行き方や場所をたずねる ……………………… 98
- 20. 電話をかける ………………………………… 102
- 21. ショッピング〈品物選び〉 …………………… 106
- 22. ショッピング〈試してみる〉 ………………… 114
- 23. ショッピング〈支払い・包装〉 ……………… 118
- 24. 食事をする …………………………………… 124
- 25. ファストフード店で ………………………… 144
- 26. 屋台で ………………………………………… 146
- 27. 観光する ……………………………………… 150
- 28. 写真を撮る …………………………………… 156
- 29. エステ・マッサージ ………………………… 158
- 30. 観劇・観戦 …………………………………… 160
- 31. 銀行・両替 …………………………………… 166
- 32. 郵便局で ……………………………………… 170
- 33. 病気・症状 …………………………………… 174
- 34. 紛失・盗難 …………………………………… 180
- 35. 機内・空港 …………………………………… 186

本書の活用法

《5つのバッチリ》で
日本語とよく似た語順の韓国語を
集中学習でマスター

❶ バッチリ！発音をマスター！
❷ バッチリ！聞き取りに慣れる！
❸ バッチリ！韓国語ってどんな言葉がわかる！
❹ バッチリ！日常ミニュケーションを集中マスター！
❺ バッチリ！韓国旅行の必須フレーズを効率マスター！

◆ PART 1
すぐに使える！
韓国語の基本《文字・文法・発音》

PART1では，韓国語の文字（ハングル）の読み方，日本語との共通点とちがい，韓国語の発音などについて最初に知っておきたい韓国語の基本知識についてわかりやすく説明しています。

また，日常よく使う数字・時刻，曜日，月などの基本単語を紹介しています。

韓国語の基本

■ 韓国語の文字 …ハングル

　韓国語の文字のことを「ハングル」と呼びます。
　ハングルは15世紀中ごろ，朝鮮王朝第4代王の世宗によって制定されたもので，言葉の音を正確に書き表すように作られました。つまり，ハングルはアルファベットと同じ表音文字なのです。

◆ ハングルは母音と子音の組み合わせ

　韓国語の一つの文字は，「子音字」と「母音字」の組み合わせによって，構成されています。

《24個の基本文字を覚える》
　基本は10の母音と14の子音の組み合わせで文字を作ります。
　その他に11の二重母音，5つの子音（濃音）などがありますが，それらは基本の母音に1画加えたり，互いに組み合わせたりしてできています。（基本の組み合わせは，「反切表」をご覧ください）
　ローマ字で「か」という音を表すには，アルファベットのkとaを組み合わせてkaと書きます。韓国語もㄱㅏというハングルのアルファベットをㅏと組み合わせて「か」という音を表します。

「かな」	……	カ
「ローマ字」	……	k + a = ka
「ハングル」	……	ㄱ + ㅏ = 가

◆ PART 2
すぐに話せる！
韓国語の基本パターン 15

　韓国語は日本語とほとんど似た語順ですから，語尾の表現で肯定文なのか疑問文なのかが決まります。

　PART2 では，韓国旅行や韓国の日常場面でよく使われる「～がほしい」とか「～したい」といった相手に伝えたい気持ちの語尾の表現を15パターンに厳選。その使い方を解説するとともに，差し替え例文でそのパターンの使い方になれることができるように工夫しています

◆ PART 3
すぐに話せる！
よく使う基本・日常表現

　PART3 では，あいさつや日常表現などをテーマ別に紹介しています。

　基本表現と日常生活で使われる頻度の高いフレーズを中心に構成。

　表現はできるだけシンプルで，応用の効くものが中心です。

　表現に関するポイントをメモ式または注としてアドバイスしています。

　また，基本パターン 15 のフレーズには，色をつけて覚えやすくしています。

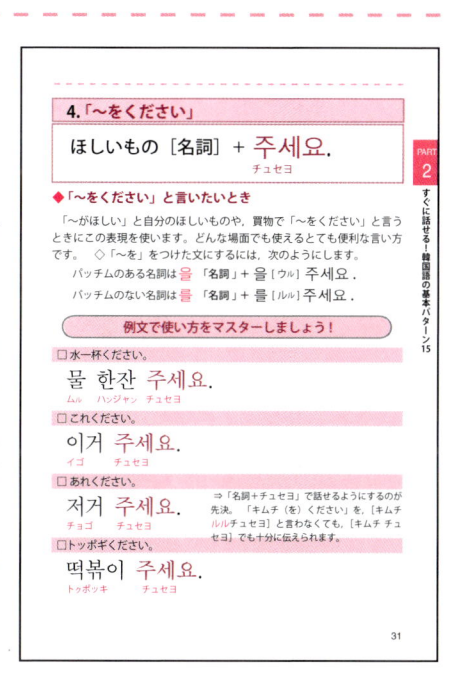

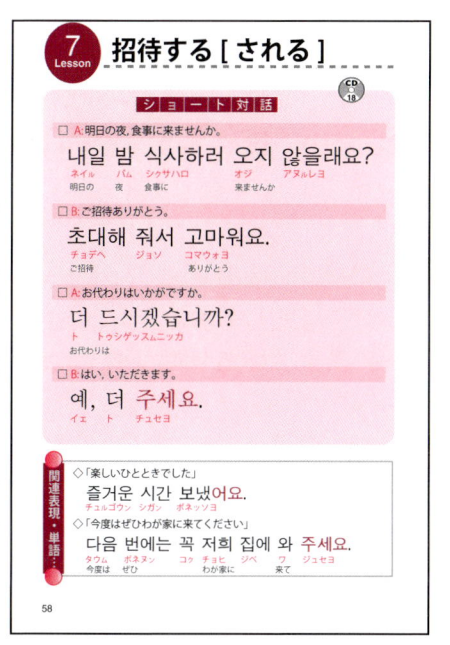

4.「～をください」

ほしいもの［名詞］＋ 주세요.
　　　　　　　　　　チュセヨ

◆「～をください」と言いたいとき

「～がほしい」と自分のほしいものや，買物で「～をください」と言うときにこの表現を使います。どんな場面でも使えるとても便利な言い方です。　◇「～を」をつけた文にするには，次のようにします。
　　パッチムのある名詞を「名詞」＋ 을［ウル］주세요.
　　パッチムのない名詞を「名詞」＋ 를［ルル］주세요.

例文で使い方をマスターしましょう！

□ 水一杯ください。
물 한잔 주세요.
ムル ハンジャン チュセヨ

□ これください。
이거 주세요.
イゴ チュセヨ

□ あれください。
저거 주세요.
チョゴ チュセヨ
⇒「名詞＋チュセヨ」で話せるようにするのが先決。「キムチ（を）ください」を，［キムチルルチュセヨ］と言わなくても，［キムチチュセヨ］でも十分に伝えられます。

□ トッポギください。
떡볶이 주세요.
トッポッキ チュセヨ

---

7 Lesson 招待する［される］

ショート対話

□ A: 明日の夜, 食事に来ませんか。
내일 밤 식사하러 오지 않을래요?
ネイル パム シクサハロ オジ アヌルレヨ
明日の 夜 食事に 来ませんか

□ B: ご招待ありがとう。
초대해 줘서 고마워요.
チョデヘ ジョソ コマウォヨ
ご招待 ありがとう

□ A: お代わりはいかがですか。
더 드시겠습니까?
ト トゥシゲッスムニッカ
お代わりは

□ B: はい、いただきます。
예, 더 주세요.
イェ ト チュセヨ

関連表現・単語

◇「楽しいひとときでした」
즐거운 시간 보냈어요.
チュルゴウン シガン ポネッソヨ

◇「今度はぜひわが家に来てください」
다음 번에는 꼭 저희 집에 와 주세요.
タウム ボネヌン コク チョヒ ジベ ワ ジュセヨ
今度は ぜひ わが家に 来て

PART 4
すぐに話せる！
韓国旅行重要フレーズ

　PART4では，韓国旅行で役立つフレーズを，対話形式の構成に重点をおいて（この構成はヒヤリング対応にも最適な方法）場面別に紹介。場面を実感しながらマスターができます。また，必要に応じて表現に関するポイントをメモ式または注としてアドバス。さらに，基本パターン15のフレーズには色をつけて覚えやすくしていますから，短期間で効率的に話せる韓国語が身にきます

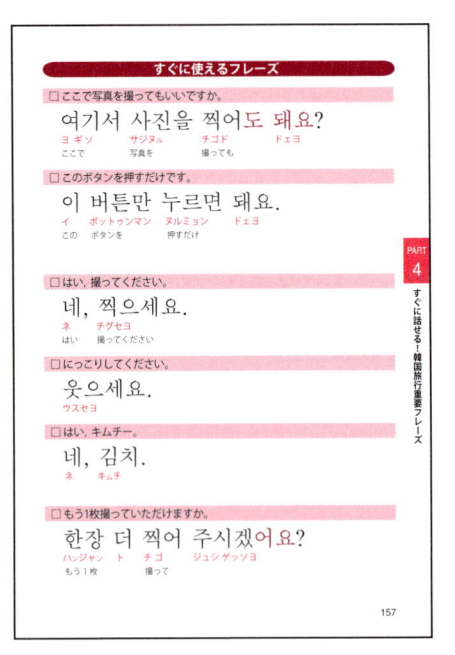

◆本書の活用にあたって◆

◆本書付属のCDをくり返し聴いてマスターしましょう！

　本書では，韓国語の入門者の方のために読み方の補助としてカタカナルビをつけました。このルビはあくまでも発音のヒント（発音記号ではありませんから完璧な表記ではないことをお断りしておきます）ですから，付属のCDを繰り返し聴いてマスターしましょう。

　そのとき，声を出して練習してください。それが韓国語上達の早道です。

　また，ハングルの下の訳は，日本語の語順との対応を理解するための補助としてご参照ください。

PART 1

すぐに使える！
韓国語の基本
《文字・文法・発音》

韓国語の基本

■ 韓国語の文字 …ハングル

　韓国語の文字のことを「ハングル」と呼びます。
　ハングルは15世紀中ごろ，朝鮮王朝第4代王の世宗によって制定されたもので，言葉の音を正確に書き表すように作られています。
　つまり，ハングルはアルファベットと同じ表音文字なのです。

◆ ハングルは母音と子音の組み合わせ

　韓国語の一つの文字は，「子音字」と「母音字」の組み合わせによって，構成されています。

　　　　　　　　　　　　　　組み合わせがわかると
　　　　　　　　　　　　　　読むことができる！

《24個の基本文字を覚える》

　基本は10の母音と14の子音の組み合わせで文字を作ります。
　その他に11の二重母音，5つの子音（濃音）などがありますが，それらは基本の母音に1画加えたり，互いに組み合わせたりしてできています。（基本の組み合わせは，「反切表」をご覧ください）

　ローマ字で「か」という音を表すには，アルファベットのkとaを組み合わせてkaと書きます。韓国語もㄱとㅏというハングルのアルファベットを가と組み合わせて「か」という音を表します。

「かな」　………………………………… カ

「ローマ字」…… 　k ＋ a ＝ ka

「ハングル」…… 　ㄱ ＋ ㅏ ＝ 가

このように ㄱ = k, ㅏ = a と置き換えて覚えればスッキリします。

◆ 組み立て方の基本は 4 つのパターン

ハングルは発音記号を積み木のように積んだり並べたりして，音を表します。

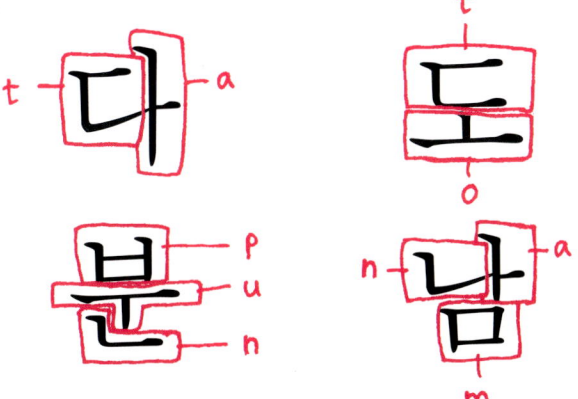

다 (t, a)　도 (t, o)
분 (p, u, n)　남 (n, a, m)

■日本語との共通点

◆ 語順がほぼ同じ

韓国語の語順は日本語の語順（「主語＋目的語＋述語」）と，とてもよく似ています。ですから，一つでも多くの単語を覚えると韓国語の会話力は確実にアップします。

□日本語と韓国語の語順に注意して読んでみましょう。
「トイレは　どこ　ですか」

　　ファジャンシリ　　　　オ ディ　エヨ
　　화장실이　　　어디예요?
　　トイレは　　　どこ　　ですか

PART 1　すぐに使える！韓国語の基本《文字・文法・発音》

「ここで 写真を 撮っても いいですか」

<small>ヨギソ　　　サジヌル　　　チゴド　　　ドェヨ</small>
여기서 사진을 찍어도 돼요?
<small>ここで　　　写真を　　　撮っても　　いいですか</small>

まったくと言ってよいほど語順が同じですね。

　日常の簡単な会話であれば，日本語の単語を韓国語に置き換えるだけでも通じてしまいます。語順にあまり悩まずに韓国語の文を作ることができます。また，主語がなくても文が成立します。

◆「てにをは」がある

　さらに，韓国語は日本語と同じく，単語と単語をつなぎ合わせる「てにをは」（助詞）があり，その使い方もほぼ対応しています。

　次は単語をつなぎ合わせる韓国語の助詞の例です。

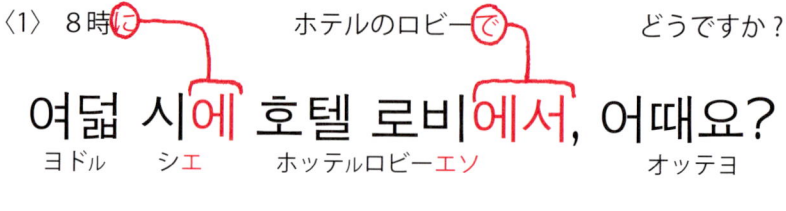

〈1〉　8時に　　　　　ホテルのロビーで　　　　　どうですか？

여덟 시에 호텔 로비에서, 어때요?
<small>ヨドル　　シエ　　　ホッテルロビーエソ　　　　オッテヨ</small>

〈2〉　エスカレーターを　　　降りて　　まっすぐ 行ってください。

에스컬레이터를 내려서 곧장 가세요.
<small>エスコルレイットルル　　ネリョソ　コッチャン カセヨ</small>

〈1〉の日本文の「8時に」の「に」や「ロビーで」の「で」や，〈2〉「エ

● 韓国語の文字

スカレーターを」の「を」は，単語をつなぎ合わせる助詞ですが，韓国語にも助詞があるのです。

여덟 시에の「에」や，로비에서の「에서」や「에스컬레이터를」の「를」がそれぞれ日本語の助詞の「に」，「で」と「を」に対応しています。

◆ 漢字由来の単語がたくさんある

韓国語は日本語の発音と似ているものが多いことも特徴のひとつです。

ハングルで表記されていても，日本と韓国は同じ中国の漢字文化圏ですから，漢字が無数に取り入れられており，もとは漢語なので言葉の多くは漢字で書くことができるのです。

また，日本の漢字は音読みや訓読みなどがありますが，韓国の漢字は読み方がほとんど1つですから，とても覚えやすいのです。

◇ 市民	시민	［シミン］
◇ 地図	지도	［チド］
◇ 時間	시간	［シガン］
◇ 計算	계산	［ケサン］
◇ 地理	지리	［チリ］
◇ 無理	무리	［ムリ］
◇ 道路	도로	［トロ］
◇ 算数	산수	［サンス］
◇ 新聞	신문	［シンムン］
◇ 都市	도시	［トシ］

PART 1　すぐに使える！韓国語の基本《文字・文法・発音》

■ 韓国語の発音

◆ 最後の子音（パッチム）の発音に慣れる

　韓国語の1音は「子音＋母音」で構成されているものと，「子音＋母音＋子音」で構成されているものの2パターンがあります。

　「キムチ」김치の 김 は，ㄱ＋ㅣ＋ㅁ（子音＋母音＋子音）のようになります。このパターンの文字が多いのがハングルの特徴です。

　김は，「キㅁ」と一息で発音します。このときの「ㅁ」はmuではなく，口を閉じたままで，息を軽く鼻から出すm「ㅁ」となります。김は,「キㅁ」と一息で発音します。

　最後の子音の発音の方法に慣れることが韓国語らしく話すポイントです。この最後の子音を「下から支える」という意味でパッチムと言います。

　「家」という意味の 집，この「チプ」も「チㅍ」と一息で発音します。ㅂはこの位置にくると，[p]の音で，上下の唇を閉じたまま，破裂させないでしっかりととどめます。ですから，外には音が聞こえません。

　上記の他にパッチムの「ㄹ」と「ㄱ」も次ページのように発音するのがポイントです。

● 韓国語の発音

（例）「もちろん」

물론
ム<u>ル</u> ロン

- ㄹ「ル」は<u>口を開いたままで，舌先を上あごに軽くつけて発音し</u>ます。

（例）「やっぱり」

역시
ヨ<u>ク</u> シ

- ㄱ「ク」は ku と発音するのではなく，<u>k の子音だけで止める</u>ようにします。実際には音はほとんど聞こえません。

◆ スムーズに発音する

パッチムは次の音が母音で始まっている時は，それと結びついて発音します。

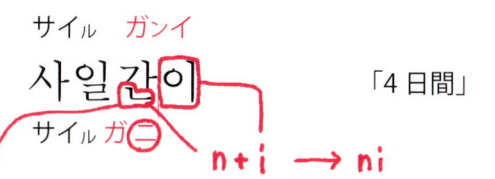

サイㇽ　ガンイ
사일간이　　　「4 日間」
サイㇽ　ガニ

n+i → ni

〈パッチム〉

文字のまま読むと「サイㇽガンイ」で「ガンイ」ですが，n と i が結びついて ni と発音されるために「ガンイ」が「ガニ」となります。

■ 反切表を読んでみましょう！

	ㅏ a	ㅑ ja	ㅓ ɔ	ㅕ jɔ	ㅗ o	ㅛ jo	ㅜ u	ㅠ ju	ㅡ ɯ	ㅣ i
ㄱ k,g	가 カ	갸 キャ	거 コ	겨 キョ	고 コ	교 キョ	구 ク	규 キュ	그 ク	기 キ
ㄴ n	나 ナ	냐 ニャ	너 ノ	녀 ニョ	노 ノ	뇨 ニョ	누 ヌ	뉴 ニュ	느 ヌ	니 ニ
ㄷ t,d	다 タ	댜 ティャ	더 ト	뎌 ティョ	도 ト	됴 ティョ	두 トゥ	듀 ティュ	드 トゥ	디 ティ
ㄹ r,l	라 ラ	랴 リャ	러 ロ	려 リョ	로 ロ	료 リョ	루 ル	류 リュ	르 ル	리 リ
ㅁ m	마 マ	먀 ミャ	머 モ	며 ミョ	모 モ	묘 ミョ	무 ム	뮤 ミュ	므 ム	미 ミ
ㅂ p,b	바 パ	뱌 ピャ	버 ポ	벼 ピョ	보 ポ	뵤 ピョ	부 プ	뷰 ピュ	브 プ	비 ピ
ㅅ s,ʃ	사 サ	샤 シャ	서 ソ	셔 ショ	소 ソ	쇼 ショ	수 ス	슈 シュ	스 ス	시 シ

● 韓国語の発音

（カタカナルビは発音のヒントとして付けています）

PART 1　すぐに使える！韓国語の基本《文字・文法・発音》

	ㅏ	ㅑ	ㅓ	ㅕ	ㅗ	ㅛ	ㅜ	ㅠ	ㅡ	ㅣ
	a	ja	ɔ	jɔ	o	jo	u	ju	ɯ	i
ㅇ 無音	아 ア	야 ヤ	어 オ	여 ヨ	오 オ	요 ヨ	우 ウ	유 ユ	으 ウ	이 イ
ㅈ tʃ,dʒ	자 チャ	쟈 チャ	저 チョ	져 チョ	조 チョ	죠 チョ	주 チュ	쥬 チュ	즈 チュ	지 チ
ㅊ tʃʰ	차 チャ	챠 チャ	처 チョ	쳐 チョ	초 チョ	쵸 チョ	추 チュ	츄 チュ	츠 チュ	치 チ
ㅋ kʰ	카 カ	캬 キャ	커 コ	켜 キョ	코 コ	쿄 キョ	쿠 ク	큐 キュ	크 ク	키 キ
ㅌ tʰ	타 タ	탸 ティャ	터 ト	텨 ティョ	토 ト	툐 ティョ	투 トゥ	튜 ティュ	트 トゥ	티 ティ
ㅍ pʰ	파 パ	퍄 ピャ	퍼 ポ	펴 ピョ	포 ポ	표 ピョ	푸 プ	퓨 ピュ	프 プ	피 ピ
ㅎ h	하 ハ	햐 ヒャ	허 ホ	혀 ヒョ	호 ホ	효 ヒョ	후 フ	휴 ヒュ	흐 フ	히 ヒ

■ 合成母音

基本母音にさらに組み合わせて，11個の音［合成母音］を作ります。組み合わせをしっかり覚えましょう。

ㅏ ア	+	ㅣ イ	=	ㅐ	［エ］
ㅑ ヤ	+	ㅣ イ	=	ㅒ	［イェ］
ㅓ オ	+	ㅣ イ	=	ㅔ	［エ］
ㅕ ヨ	+	ㅣ イ	=	ㅖ	［イェ］

ㅗ オ	+	ㅏ ア	=	ㅘ	［ワ］
ㅗ オ	+	ㅐ エ	=	ㅙ	［ウェ］
ㅗ オ	+	ㅣ イ	=	ㅚ	［ウェ］

ㅜ ウ	+	ㅓ オ	=	ㅝ	［ウォ］
ㅜ ウ	+	ㅔ エ	=	ㅞ	［ウェ］
ㅜ ウ	+	ㅣ イ	=	ㅟ	［ウィ］

ㅡ ウ	+	ㅣ イ	=	ㅢ	［ウィ］

● 韓国語の発音

■ 濃音　息をまったく出さないで音だけを出すもの。

ポイントは「ッパ」「ッタ」のように少し息を詰めて発音するとそれらしく聞こえます。

[濃音]　●息をつめて発音する（息を出さない）

ㄱ ⇒ ㄲ　[ッカ]　꽃（花）
コッ
「しっかり」の **「っか」**

ㄷ ⇒ ㄸ　[ッタ]　떡（もち）
トㄱ
「ぴったり」の **「った」**

ㅂ ⇒ ㅃ　[ッパ]　오빠（兄さん）
オッパ　　　（女性が呼ぶとき）
「さっぱり」の **「っぱ」**

ㅅ ⇒ ㅆ　[ッサ]　쓰다（苦い）
スダ
「あっさり」の **「っさ」**

ㅈ ⇒ ㅉ　[ッチャ]　짜다（塩辛い）
チャダ
「ぽっちゃり」の **「っちゃ」**

PART 1
すぐに使える！韓国語の基本《文字・文法・発音》

19

【日常生活の基本単語】

■ 数字の表現（漢字語）

日本語の「1, 2, 3...」という数え方に当たります。

1 일 イル	7 칠 チル	13 십삼 シプサム	19 십구 シプク	兆 조 チョ
2 이 イ	8 팔 パル	14 십사 シプサ	20 이십 イシプ	
3 삼 サム	9 구 ク	15 십오 シボ	百 백 ペク	・年月日
4 사 サ	10 십 シプ	16 십육 シムニュク	千 천 チョン	・分・秒 ・〜人分 ・電話番号
5 오 オ	11 십일 シビル	17 십칠 シプチル	万 만 マン	などに使います。
6 육 ユク	12 십이 シビ	18 십팔 シプパル	億 억 オク	

■日・週

1日 일일 イリル	7日 칠일 チリル
2日 이일 イイル	8日 팔일 パリル
3日 삼일 サミル	9日 구일 クイル
4日 사일 サイル	10日 십일 シビル
5日 오일 オイル	午前 오전 オジョン
6日 육일 ユギル	午後 오후 オフ

今週 이번주 イボンジュ
毎週 매주 メジュ
週末 주말 チュマル
先週 지난주 チナンジュ
次の 다음 タウム

■曜日

日曜日 일요일 イリョイル	金曜日 금요일 クミョイル
月曜日 월요일 ウォリョイル	土曜日 토요일 トヨイル
火曜日 화요일 ファヨイル	
水曜日 수요일 スヨイル	
木曜日 목요일 モギョイル	

PART 1　すぐに使える！韓国語の基本《文字・文法・発音》

■ 月

1月
일월
イルオル

2月
이월
イウォル

3月
삼월
サムオル

4月
사월
サウォル

5月
오월
オウォル

6月
유월
ユウォル

7月
칠월
チルオル

8月
팔월
パルオル

9月
구월
クウォル

10月
시월
シウォル

11月
십일월
シビイルオル

12月
십이월
シビイウォル

先月
지난달
チナンダル

今月
이번달
イボンダル

来月
다음달
タウムタル

■ 季節

春
봄
ポム

夏
여름
ヨルム

秋
가을
カウル

冬
겨울
キョウル

● 日常生活の基本単語

■ 数字の表現 [固有語]

日本語の「ひとつ, ふたつ, みっつ…」に当たります。

PART 1 すぐに使える！韓国語の基本《文字・文法・発音》

一つ	七つ	40	80
하나	일곱	마흔	여든
ハナ	イルゴプ	マフン	ヨドゥン

二つ	八つ	50	90
둘	여덟	쉰	아흔
トゥル	ヨドル	シュイン	アフン

三つ	九つ	60	99
셋	아홉	예순	아흔아홉
セッ	アホプ	イェスン	アフナホプ

四つ	十	70
넷	열	일흔
ネ	ヨル	イルン

五つ	20
다섯	스물
タソッ	スムル

六つ	30
여섯	서른
ヨソッ	ソルン

・個数
・人数
・年齢
・枚数
・冊数 などに使います。

■ 時間

1時
한 시
ハンシ

2時
두 시
トゥシ

3時
세 시
セシ

4時
네 시
ネシ

5時
다섯 시
タソッシ

6時
여섯 시
ヨソッシ

7時
일곱 시
イルゴプシ

8時
여덟 시
ヨドルシ

9時
아홉 시
アホプシ

10時
열 시
ヨルシ

11時
열한 시
ヨランシ

12時
열두 시
ヨルトゥシ

10分
십 분
シップン

20分
이십 분
イシップン

30分
삼십 분
サムシップン

● 日常生活の基本単語

■ 人・家族の呼び方

私	彼	彼女
저	그	그녀
チョ	ク	クニョ

お父さん	お母さん	お兄さん（弟から見た）
아버지	어머니	형
アボジ	オモニ	ヒョン

お兄さん（妹から見た）	お姉さん（弟から見た）	お姉さん（妹から見た）
오빠	누나	언니
オッパ	ヌナ	オンニ

弟	妹	おじいさん
남동생	여동생	할아버지
ナムドンセン	ヨドンセン	ハラボジ

おばあさん	妻	夫
할머니	아내	남편
ハルモニ	アネ	ナムピョン

息子	娘	親
아들	딸	부모
アドゥル	タル	プモ

PART 1 すぐに使える！韓国語の基本《文字・文法・発音》

■ 「こ・そ・あ・ど」の表現

この 이 イ	その 그 ク	あの 저 チョ	どの 어느 オヌ
ここ 여기 ヨギ	そこ 거기 コギ	あそこ 저기 チョギ	どこ 어디 オディ
これ 이것 イゴッ	それ 그것 クゴッ	あれ 저것 チョゴッ	どれ 어느것 オヌゴッ
こちら 이쪽 イッチョク	そちら 그쪽 クッチョク	あちら 저쪽 チョッチョク	どちら 어느쪽 オヌチョク

PART 2
すぐに話せる！韓国語の基本パターン 15

1.「…は〜です」

名詞 + 이에요 / 예요.
イエヨ　　　　　エヨ

◆「…は〜です」と言いたいとき

「私は会社員です」「名物です」というように,「…は〜です」と言いたいときは,「名詞＋イエヨ／エヨ」のパターンで表現します。

◇ 名詞 ＋ 이에요.［イエヨ］（名詞の最後にパッチムがある）
◇ 名詞 ＋ 예요.［エヨ］　（名詞の最後にパッチムがない）

例文で使い方をマスターしましょう！

☐ おみやげです。

선물이에요.
ソンムルイエヨ

☐ 私は会社員です。

저는 회사원이에요.
チョヌン　　フェサウォニエヨ

☐ 28歳です。

스물여덟 살이에요.
スムルヨドル　　　サルイエヨ

☐ 観光です。

관광이에요.
クァングァンイエヨ

2.「…は〜ですか」

> 名詞 + 이에요 / 예요?
>   イエヨ　　　　エヨ

◆「…は〜ですか」とたずねたいとき

　「名物ですか」というように,「…は〜ですか」とたずねたいときは,「名詞＋イエヨ／エヨ？」のパターンで表現します。
　◇「〜エヨ？」と語尾を上げると疑問形(「〜＋ですか？」)になります。

例文で使い方をマスターしましょう！

☐ おみやげですか。
선물이에요?
ソンムリエヨ

☐ 名物ですか。
명물이에요?
ミョンムリエヨ

☐ 1週間ですか。
일주일이에요?
イルチュイリエヨ

☐ 3人ですか。
세 사람이에요?
セ　　サラミエヨ

3.「～します」

動詞 / 形容詞 + 어요 / 아요.
　　　　　　　　オヨ　　　アヨ

◆「～します」と言いたいとき

「行きます」「食べます」というように,「～します」と言いたいときは,「動詞＋オヨ / アヨ」のパターンで表現します。

　◇「～しません」と否定表現をするときのパターン。

「食べません」　안 먹어요. ［アンモゴヨ］　　　否定
「歩きません」　안 걸어요. ［アンゴロヨ］

例文で使い方をマスターしましょう！

□ ここで食べます。

여기서 먹어요.
ヨギソ　　モゴヨ

◇動詞 / 形容詞の語幹 ＋어요 ［オヨ］
　（語幹動詞 / 形容詞がㅏ,ㅗのとき）
◇動詞 / 形容詞の語幹 ＋아요 ［アヨ］
　（語幹動詞 / 形容詞がㅏ,ㅗ以外のとき）

□ 好きです。

좋아요.
チョアヨ

□ 東大門へ行きます。

동대문에 가요.
トンデムネ　　カヨ

□ おいしいです。

맛있어요.
マシッソヨ

「～へ」を表す助詞

4.「～をください」

ほしいもの［名詞］＋ 주세요.
　　　　　　　　　　　チュセヨ

◆「～をください」と言いたいとき

　「～がほしい」と自分のほしいものや，買物で「～をください」と言うときにこの表現を使います。どんな場面でも使えるとても便利な言い方。
　◇「～を」をつけた文にするには，次のようにします。
　　パッチムのある名詞は 을　「名詞」＋ 을［ウル］주세요．
　　パッチムのない名詞は 를　「名詞」＋ 를［ルル］주세요．

例文で使い方をマスターしましょう！

□水一杯ください。

물 한잔 주세요.
ムル　ハンジャン　チュセヨ

□これください。

이거 주세요.
イゴ　　チュセヨ

□あれください。

저거 주세요.
チョゴ　チュセヨ

□トッポギください。

떡볶이 주세요.
トゥポッキ　　チュセヨ

5.「〜してください」

してほしいこと［動詞］＋ 주세요. ジュセヨ

◆「〜してください」と頼むとき

「タクシーを呼んでください」「メニューを見せてください」と「私に〜してください」と相手にていねいに頼むときに使うパターンです。

「〜する」の意味の 하다 の語尾変化した〜해「〜ヘ」と 주세요 が組み合わされた形が 〜해＋주세요. ［〜ヘ＋ジュセヨ］です。

해のあとで、주세요 は「チュセヨ」ではなく、「ジュセヨ」とにごって発音されます。

例文で使い方をマスターしましょう！

□ 教えてください。

가르쳐 주세요.
カルチョ　　ジュセヨ

□ 早くしてください。

빨리 해 주세요.
パルリ　ヘ　ジュセヨ

□ 見せてください。

보여 주세요.
ポヨ　　ジュセヨ

□ まけてください。

깎아 주세요.
カッカ　　ジュセヨ

6.「〜してもらえますか」

> してほしいこと [動詞] + 주세요?
> ジュセヨ

◆「〜してもらえますか」とたずねたいとき

　「安くしてもらえますか」「教えてもらえますか」と相手にていねいにたずねるときに使うパターンです。
　「ジュセヨ？」と語尾を上げると疑問形（「〜してもらえますか？」）になります。

例文で使い方をマスターしましょう！

□ 安くしてもらえますか。
싸게 해 주세요?
サゲ　　ヘ　　ジュセヨ

□ 教えてもらえますか。
가르쳐 주세요?
カルチョ　　ジュセヨ

□ 早くしてもらえますか。
빨리 해 주세요?
パルリ　ヘ　ジュセヨ

□ 交換してもらえますか。
교환해 주세요?
キョファネ　　ジュセヨ

PART 2　すぐに話せる！韓国語の基本パターン15

7.「～をお願いします」

お願いしたいこと + 부탁해요.
　　　　　　　　　プッタッケヨ

◆「～をお願いします」と頼みたいとき

「予約をお願いします」「クリーニングをお願いします」と人に何かを頼みたいときに使うパターンが「お願いしたいこと(もの)＋プッタッケヨ」です。

◇「～をお願いします」とお願いされたときの答え方

「わかりました」 알겠습니다 [アルゲッスムニダ].

例文で使い方をマスターしましょう！

□ チキンサラダをお願いします。
치킨샐러드 부탁해요.
チキンセルロド　プッタッケヨ

□ 電話番号をお願いします。
전화번호 부탁해요.
チョナボノ　プッタッケヨ

□ 市内地図をお願いします。
시내지도 부탁해요.
シネチド　プッタッケヨ

□ ルームサービスをお願いします。
룸서비스 부탁해요.
ルムソッビス　プッタッケヨ

覚えましょう！

◇「～をお願いします」の他の言い方
　　　プタッカムニダ
名詞 ＋ [부탁합니다]

8.「〜したいです」

したいこと [動詞] 고 싶어요.
　　　　　　　　　ゴ　シッポヨ

◆「〜したいです」と言いたいとき

「食べたい」「見たい」というように「〜したいです」と希望や願望を言いたいときに使うパターンが「したいこと＋ゴ シッポヨ」です。

動詞の後に「〜ゴ シッポヨ」をつけて表現します。

◇「〜したいのですが」とやわらかい表現をするときは,

[動詞] 고 싶은데요 [ゴ　シップンデヨ].

例文で使い方をマスターしましょう！

☐ 市内観光をしたいです。

시내관광 하고 싶어요.
シネクァングァン　ハゴ　シッポヨ

☐ 市場に行きたいです。

시장에 가고 싶어요.
シジャンエ　カゴ　シッポヨ

☐ 冷麺を食べたいです。

냉면을 먹고 싶어요.
ネンミョヌル　モッコ　シッポヨ

◇「〜を」を表す助詞は,
〜을（名詞の最後にパッチムがある）
〜를（名詞の最後にパッチムがない）

☐ 会いたいです。

만나고 싶어요.
マンナゴ　シッポヨ

PART 2　すぐに話せる！韓国語の基本パターン15

9.「～したいですか」

したいこと [動詞] 고 싶으세요?
　　　　　　　　　　　　ゴ　　シップセヨ

◆「～したいですか」とたずねるとき

　「食べたいですか」「見たいですか」というように,「～したいですか」と相手の希望や願望をたずねるときに使うパターンが「 したいこと＋ゴ シップセヨ？」です。
　動詞の後に「～ゴ シップセヨ」をつけて,語尾を上げて言います。

例文で使い方をマスターしましょう！

□ 南大門市場に行きたいですか。

남대문시장에 가고 싶으세요?
ナムデムンシジャンエ　　カゴ　　シップセヨ

□ キムチを買いたいですか。

김치 사고 싶으세요?
キムチ　サゴ　シップセヨ

□ 行きたいですか。

가고 싶으세요?
カゴ　シップセヨ

□ 会いたいですか。

만나고 싶으세요?
マンナゴ　シップセヨ

10.「〜してもいいですか」

したいこと [動詞] 도 돼요?
　　　　　　　　　　ド　ドェヨ

◆「〜してもいいですか」と許可を得るとき

「使ってもいいですか」「してもいいですか」と自分の行動について相手の許可を得るときの言い方が「したいこと＋ド ドェヨ？」のパターンです。

◇「はい，いいです」　네, 돼요.［ネ, ドェヨ］
◇「いいえ，だめです」 아뇨, 안돼요.［アニョ, アンドェヨ］

例文で使い方をマスターしましょう！

□ 試着してみてもいいですか。
입어 봐도 돼요?
イボ　バド　ドェヨ

⇒次のように動詞が変化して「〜しても」の意味になります。
◇하다 →해도　◇가다 →가도
　［ハダ］　［ヘド］　［カダ］　［カド］

□ 窓を開けてもいいですか。
창을 열어도 돼요?
チャンウル　ヨロド　ドェヨ

□ 借りてもいいですか。
빌려도 돼요?
ピルリョド　ドェヨ

□ 写真を撮ってもいいですか。
사진을 찍어도 돼요?
サジヌル　チゴド　ドェヨ

11.「〜がありますか」

ほしいもの［名詞］＋ 있어요?
　　　　　　　　　　　イッソヨ

◆「〜がありますか」とたずねるとき

　「席はありますか」「時間はありますか」のように,「〜がありますか」とたずねるときに使うのが,この「ほしいもの＋イッソヨ」のパターンです。
【注】韓国語には「ある」と「いる」の区別はありません。
◇「ありません」の表現 ⇒「ないです」없어요.［オプソヨ］
　　　　　　　　　⇒「時間ありません」시간 없어요.［シガン オプソヨ］

例文で使い方をマスターしましょう！

□ カラオケボックスはありますか。

노래방　있어요?
ノレバン　イッソヨ

□ 時間ありますか。

시간　있어요?
シガン　イッソヨ

□ 席はありますか。

자리　있어요?
チャリ　イッソヨ

□ キムチはありますか。

김치　있어요?
キムチ　イッソヨ

「〜があります」なら、語尾を上げずに「イッソヨ」と言えばOK！

12.「〜することができますか」

したいこと [動詞] + 수 있어요?
ス　イッソヨ

◆「〜することができますか」と言いたいとき

「話せますか」「行けますか」と自分のしたいことができるかどうかを聞くときに使うのが，この「したいこと ＋ス　イッソヨ？」のパターンです。
「〜ができます」と言いたい時は，語尾を上げないで次のように発音します。

◇「韓国語が話せます」　한국말 할 수 있어요.
　　　　　　　　　　　ハングンマル　ハル　ス　イッソヨ

例文で使い方をマスターしましょう！

☐ 試聴できますか。
들을 수 있어요?
トゥル　ス　イッソヨ

☐ 日本語が話せますか。
일본말 할 수 있어요?
イルボンマル　ハル　ス　イッソヨ

☐ もっともらえますか。
더 줄 수 있어요?
ト　チュル　ス　イッソヨ

☐ 見ることができますか。
볼 수 있어요?
ポル　ス　イッソヨ

13.「～したことがあります」

「したこと」+ 적이 있어요.
　　　　　　チョギ　　イッソヨ

◆ 経験したことを言うとき

「食べたことがあります」、「行ったことがあります」というように過去の経験を言うときのパターンです。最初に、「食べたこと」「行ったこと」「したこと」「見たこと」などのよく使う表現を覚えましょう。

◇ [動詞ㄴ/動詞은] 적이 で「したこと」という意味です。

例文で使い方をマスターしましょう！

□ 習ったことがあります。

배운 적이 있어요.
ペウン　チョギ　イッソヨ

□ そこに行ったことがあります。

거기에 간 적이 있어요.
コギエ　　カン　チョギ　イッソヨ

□ 前に見たことがあります。

전에 본 적이 있어요.
チョネ　ポン　チョギ　イッソヨ

□ 一度食べたことがあります。

한번 먹은 적이 있어요.
ハンボン　モグン　チョギ　イッソヨ

14.「〜したことがありますか」

「したこと」+ 적이 있어요?
　　　　　　チョギ　イッソヨ

◆ 経験したかどうかをたずねるとき

「食べたことがありますか」、「行ったことがありますか」というように過去の経験をたずねるときのパターンです。

◇「したことがない」という未経験の表現は「したこと」+ 적이 없어요.
　　　　　　　　　　　　　　　　　　　　　　　　　　　チョギ　オプソヨ

（例）「食べたことがありません」 먹어 본 적이 없어요.
　　　　　　　　　　　　　　　モゴ　ボン　チョギ　オプソヨ

例文で使い方をマスターしましょう！

☐ この本を読んだことがありますか。

이 책 읽어 본 적이 있어요?
イ　チェク　イルゴ　ボン　チョギ　イッソヨ

☐ ユズ茶を飲んでみたことがありますか。

유자차 마셔 본 적이 있어요?
ユジャチャ　マショ　ボン　チョギ　イッソヨ

☐ 石窟庵に行ったことがありますか。

석굴암 간 적이 있어요?
ソックラム　カン　チョギ　イッソヨ

☐ ゴルフをしたことがありますか。

골프 해본 적이 있어요?
コルプ　ヘボン　チョギ　イッソヨ

15. 具体的な答えを求めるたずね方

화장실 어디예요? （トイレはどこですか）
ファジャンシル　オディエヨ

疑問詞の場合も，語順の基本は日本語と同じように考えて組み立てます。

◆ [疑問詞 1]

- 「何」　　　무엇 [ムオッ]
- 「どこ」　　어디 [オディ]
- 「いつ」　　언제 [オンジェ]
- 「だれ」　　누구 [ヌグ]
- 「なぜ」　　왜 [ウェ]
- 「どれ」　　어느 것 [オヌゴッ]
- 「どっち」　어느 쪽 [オヌチョク]

◆ [疑問詞 2]

- 「いくら」　　　　　　　　얼마 [オルマ]
- 「どんな」　　　　　　　　어떤 [オットン]
- 「どのように（どうやって）」어떻게 [オットッケ]

> **例文で使い方をマスターしましょう！**

- 名前は何ですか。　　이름이 뭐예요?
  イルミ　ムォエヨ

- それはなぜですか。　　그것은 왜요?
  クゴスン　ウェヨ

- だれですか。　　누구예요?
  ヌグエヨ

- いつ出発するのですか。　　언제 출발해요?
  オンジェ　チュルバルヘヨ

- 私の席はどこですか。　　제 자리는 어디예요?
  チェ　チャリヌン　オデイエヨ

- どちらが安いですか。　　어느 쪽이 싸요?
  オヌ　チョギ　サヨ

- からだの具合はどうですか。　　몸은 어때요?
  モムン　オッテヨ

- 旅行はどうでしたか。　　여행은 어땠어요?
  ヨヘンウン　オッテッソヨ

PART 2　すぐに話せる！韓国語の基本パターン15

□ いくらですか。　　　얼마예요?
　　　　　　　　　　オルマエヨ

● 「몇 [ミョッ] ＋単位」を使った尋ね方

　「何個？」とか,「何名？」とたずねるには,「いくつ」の意味の「몇 [ミョッ] ＋単位」で表現します。

　◇「何個」　몇 개　[ミョッケ]
　◇「何度」　몇 번　[ミョッポン]
　◇「何歳」　몇 살　[ミョッサル]
　◇「何時」　몇 시　[ミョッシ]

□ 今,何時ですか。　　지금 몇 시인가요?
　　　　　　　　　　チグム　　ミョッ　シインガヨ

PART 3

すぐに話せる！
よく使う
基本・日常表現

Lesson 1 日常のあいさつ

ショート対話

□ A: お元気ですか。

어떻게 지내십니까?
オットッケ　　チネシムニッカ

□ B: 元気です。ありがとう。

잘 지냅니다. 감사합니다.
チャル　チネムニダ　　　　カムサハムニダ

□ A: あなたのほうはどうですか。

당신은 어떻게 지내십니까?
タンシヌン　　オットッケ　　チネシムニッカ

□ B: あいかわらずです。

여전해요.
ヨジョネヨ

関連表現・単語

◇「お忙しいですか」
바쁘세요?
パップセヨ

◇「近頃いかがですか」
요즘 어떻게 지내세요?
ヨジュム　オットッケ　チネセヨ

◇「ご苦労さまです」
수고하세요.
スゴハセヨ

◇「よい一日を」
좋은 하루가 되세요.
チョウン　ハルガ　テセヨ

すぐに使えるフレーズ

☐ おはようございます。/ こんにちは。/ こんばんは。

안녕하세요? / 안녕하십니까?
アンニョンハセヨ　　　　アンニョンハシムニッカ

⇒ 韓国では朝，昼，夜でもあいさつは「アンニョンハセヨ」
⇒ 日本のように時間によってあいさつを使い分けしません。

相手の安否をたずねる疑問文なので、文末にクエスチョンマーク(?)がつきます。

☐ おやすみなさい。

안녕히 주무세요.
アンニョンヒ　　チュムセヨ

☐ さようなら。(見送る人が言う)

안녕히 가세요.
アンニョンヒ　　カセヨ

☐ さようなら。(見送られる人が言う)

안녕히 계세요.
アンニョンヒ　　ケセヨ

☐ お元気で。

건강 하세요.
コンガン　　ハセヨ

☐ また, お会いしましょう。

또 만납시다.
ト　　マンナプシダ

Lesson 2 感謝する

ショート対話

□ A: ありがとうございます。

감사합니다.
カムサハムニダ

□ B: どういたしまして。

천만에요.
チョンマネヨ

□ A: ご親切にどうも。

친절하게 대해 주셔서 감사합니다.
チンジョラゲ　　テヘ　　ジュショソ　　カムサハムニダ

□ B: なんでもありませんよ。

아무것도 아니에요.
アムゴット　　　アニエヨ

関連表現・単語

◇「いいんですよ」
괜찮아요.
クェンチャナヨ

◇「楽しかったです」
즐거웠어요.
チュルゴウォッソヨ

◇「お世話になりました」
신세를 졌습니다.
シンセルル　チョッスムニダ

48

すぐに使えるフレーズ

☐ ありがとうございます。

감사합니다.
カムサハムニダ

☐ いろいろとありがとうございます。

여러 가지로 고맙습니다.
ヨロ　　カジロ　　　　コマップスムニダ
いろいろと

☐ 感謝しています。

고맙게 생각하고 있어요.
コマプケ　　センガッカゴ　　　イッソヨ

☐ どういたしまして。

천만에요.
チョンマネヨ

☐ こちらこそ。

저야말로.
チョヤマルロ

☐ なんでもありませんよ。

아무것도 아니에요.
アムゴット　　　アニエヨ

「感謝されて」

PART 3

すぐに話せる！よく使う基本・日常表現

Lesson 3 謝る

ショート対話

□ A: ごめんなさい。(謝るとき)

미안합니다.
ミアナムニダ

□ B: 別にかまいません。

괜찮아요.
クェンチャナヨ

□ A: 遅れてすみません。

늦어서 미안합니다.
ヌジョソ　　ミアナムニダ

□ B: 気にしないでください。

신경쓰지 마세요.
シンギョンスジ　　マセヨ

関連表現・単語

■道を教えてもらうときなどには，次の表現を使います。

「申し訳ございません」

죄송합니다.
チェソンハムニダ

すぐに使えるフレーズ

☐ ごめんなさい。(謝るとき)

미안합니다.
ミアナムニダ

☐ ほんとうにごめんなさい。

정말 미안합니다.
チョンマル　ミアナムニダ

☐ 失礼しました。

실례 했습니다.
シルレ　　ヘッスムニダ

☐ 何でもありませんよ。

아무렇지도 않아요.
アムロッチド　　　アナヨ

☐ だいじょうぶです。

괜찮아요.
クェンチャナヨ

☐ あなたのせいではないですよ。

당신 탓이 아니에요.
タンシン　タシ　　アニエヨ

PART 3 すぐに話せる！よく使う基本・日常表現

Lesson 4 「はい」, 「いいえ」

ショート対話

□ A: いいですか。

좋아요?↗
チョアヨ

□ B: いいですよ。

좋아요.
チョアヨ

□ A: 5万ウォンにしてください。

5만 원으로 해 주세요.
オマヌォヌロ　　　ヘ　　ジュセヨ

□ B: いいですよ。

좋아요.
チョアヨ

関連表現・単語

◇「イヤです。(嫌いです)」

싫어요.
シロヨ

◇「けっこうです。(いりません)」

됐어요.
トェッソヨ

すぐに使えるフレーズ

☐ はい。

네.
ネ

☐ いいえ。

아뇨.
アニョ

☐ はい、そうです。

네, 그렇습니다.
ネ　　クロッスムニダ

☐ いいえ、ちがいます。

아니요, 아닙니다.
アニヨ　　　アニムニダ

☐ だめです。

안 돼요.
アン　ドェヨ

☐ もちろんです。

물론이지요.
ムルロニジョ

"그럼요"という言い方も
クロムヨ
できます。

PART 3 すぐに話せる！よく使う基本・日常表現

Lesson 5 聞き返す

ショート対話

□ A: わかりますか。

아시겠어요?
アシゲッソヨ

□ B: わかります。

알겠어요. / 알았습니다.
アルゲッソヨ　　　　アラッスムニダ

□ B: よくわかりません。

잘 모르겠어요.
チャルモルゲッソヨ

□ A: えっ,何ですって?

네, 뭐라고요?
ネー　　ムォラゴヨ

□ A: ここに書いてください。

여기에 써 주세요.
ヨギエ　　　ソ　　ジュセヨ

関連表現・単語

「すみません。(人に呼びかけるとき)」	**여보세요.** ヨボセヨ
「あの〜。(人に呼びかけるとき)」	**저기요.** チョギヨ
「お願いがあるのですが」	**부탁이 있는데요.** プッタギ　インヌンデヨ

すぐに使えるフレーズ

☐ えっ?

네? ↗
ネ

☐ どういう意味ですか。

어떤 의미입니까?
オットン　ウィミイムニッカ
どういう　意味ですか

☐ なんとおっしゃったのですか。

뭐라고 말씀하셨어요?
ムォラゴ　マルスマショッソヨ
なんと　おっしゃったのですか

☐ もう一度言ってください。

다시 한번 말해 주세요.
タシ　ハンボン　マレ　ジュセヨ
　　　一度　　言って

☐ ゆっくりしゃべってください。

천천히 말해 주세요.
チョンチョニ　マレ　ジュセヨ
ゆっくり

☐ よく聞こえないのですが。

잘 안 들리는데요.
チャル　アン　ドゥルリヌンデヨ
よく　　　聞こえないのですが

否定

Lesson 6 食べ物・料理

ショート対話

□ A: 好きな食べ物は何ですか。

좋아하는 음식이 뭐예요.
チョアハヌン　　ウムシギ　　　ムォエヨ
好きな　　　　　食べ物は　　　何ですか

□ B: 参鶏湯です。

삼계탕이에요.
サムゲッタンイエヨ

□ C: 好き嫌いはありません。

음식은 가리지 않아요.
ウムシグン　　カリジ　　　アナヨ
食べ物の好き嫌いは　　　　ありません

関連表現・単語

- 揚げる **튀기다** ティギダ
- ゆでた〜 **삶은** サルムン
- 焼いた〜 **구운** クウン
- 切る **자르다** チャルダ
- 蒸す **찌다** チダ
- 凍った〜 **언** オン

すぐに使えるフレーズ

☐ A: どうやって作りますか。

어떻게 만들어요?
オットッケ　　　マンドゥロヨ
どうやって　　　作りますか

☐ B: こうするのよ。

이렇게 해.
イロッケ　　　ヘ

☐ このように作るのですか。

이렇게 만들어요?
イロッケ　　　マンドゥロヨ
このように　　作るのですか

☐ この料理は辛いですか。

이 요리는 매워요?
イ　　ヨリヌン　　メウォヨ
この　料理は　　辛いですか

☐ 電子レンジで温めます。

전자레인지로 데워요.
チョンジャレインジロ　　テウォヨ
電子レンジで　　　　　温めます

Lesson 7 招待する [される]

ショート対話

□ A: 明日の夜, 食事に来ませんか。

내일 밤 식사하러 오지 않을래요?
ネイル　パム　シクサハロ　　オジ　　アヌルレヨ
明日の　夜　食事に　　　　　来ませんか

□ B: ご招待ありがとう。

초대해 줘서 고마워요.
チョデヘ　　ジョソ　　コマウォヨ
ご招待　　　　　　　　ありがとう

□ A: お代わりはいかがですか。

더 드시겠습니까?
ト　トゥシゲッスムニッカ
お代わりは

□ B: はい, いただきます。

예, 더 주세요.
イェ　ト　チュセヨ

関連表現・単語

◇「楽しいひとときでした」

즐거운 시간 보냈어요.
チュルゴウン　シガン　ポネッソヨ

◇「今度はぜひわが家に来てください」

다음 번에는 꼭 저희 집에 와 주세요.
タウム　ポネヌン　コク　チョヒ　ジベ　ワ　ジュセヨ
今度は　ぜひ　　　　わが家に　　来て

すぐに使えるフレーズ

☐ いらっしゃい。

어서 와요.
オソ　　ワヨ

☐ 来てくれてうれしいです。

와 줘서 기뻐요.
ワ　ジョソ　　キッポヨ

☐ おじゃまします。

실례하겠습니다.
シルレハゲッスムニダ

☐ どうぞ、楽にしてください。

편히 앉아요.
ピョニ　　アンジャヨ

☐ これ、おみやげです。

이거 선물이에요.
イゴ　　ソンムリエヨ

☐ 何か飲み物はいかがですか。

뭐 좀 마실래요?
ムォ　ジョム　マシルレヨ

Lesson 8 友だちになる〈出会い〉

ショート対話

□ A: 干支は何ですか。

무슨 띠예요?
ムスン　ティエヨ
何の　　干支ですか

□ B:「うし」です。

소띠예요.
ソッティエヨ

□ A: 誕生日はいつですか。

생일은 언제예요?
センイルン　　オンジェエヨ
誕生日は　　　いつですか

□ B: 4月6日です。

사월 육일이에요.
サウォル　ユギリエヨ
4月　　　6日です

関連表現・単語

■ 干支

◇「ね」쥐 [チュイ]　　◇「うし」소 [ソ]　　◇「とら」범 [ボム]
◇「う」토끼 [トッキ]　◇「たつ」용 [ヨン]　◇「み」뱀 [ペム]
◇「うま」말 [マル]　　◇「ひつじ」양 [ヤン]
◇「さる」원숭이 [ウォンスンイ]　◇「とり」닭 [タク]
◇「いぬ」개 [ケ]　　◇「い〈ぶた〉」돼지 [トェジ]

すぐに使えるフレーズ

【はじめての出会い】

☐ A: はじめまして。

처음 뵙겠습니다.
チョウム　　プェプケッスムニダ

⇒ 初対面の時の決まり文句。
⇒ "처음［チョウム］"「はじめて，最初」という意味。
⇒ "뵙다［プェプダ］"「お目にかかる」という意味。

☐ B: はじめまして。

처음 뵙겠습니다.
チョウム　　プェプケッスムニダ

☐ A: 私は佐藤ヨシコです。

저는 사토 요시코라고 합니다.
チョヌン　サトウ　ヨシコラゴ　　　ハムニダ
私は　　　佐藤　　ヨシコです

(入れ替えて言えるようにしておきましょう。)

☐ お会いできてうれしいです。

만나서 반갑습니다.
マンナソ　　パンガプスムニダ
お会いできて　うれしいです

☐ よろしくお願いします。

잘 부탁합니다.
チャル　プッタッカムニダ

□ 日本から来た鈴木と申します。

일본에서 온 스즈키라고 합니다.
イルボネソ　　　　オン　スズキラゴ　　　　ハムニダ
日本から来た　　　　　鈴木と申します

⇒ ていねいに言うときは，"라고 [ラゴ]"「〜と」を自分の名前の後に付けます。

□ 東京から来ました。

도쿄에서 왔어요.
トキョエソ　　ワッソヨ
東京から　　来ました

「〜から」という意味の助詞。

□ 日本から観光で来ています。

일본에서 관광으로 왔습니다.
イルボネソ　　　クァングァンウロ　　ワッスムニダ

□ よろしくお願いします。

잘 부탁합니다.
チャル　プッタッカムニダ

「よく」という意味。

□ 名前，どう書きますか。

이름 어떻게 써요?
イルム　オットッケ　ソヨ
名前　　どう　　　書きますか

□ この紙に書いてください。

이 종이에 써 주세요.
イ　チョンイエ　　ソ　ジュセヨ
この　紙に　　　書いて

● Lesson 8 友だちになる

【年齢】

□ A: おいくつですか。

나이가 어떻게 되세요?
ナイガ　　オットッケ　　トェセヨ

□ B: 22歳です。

나이는 스물두 살이에요.
ナイヌン　　スムルトゥ　　サリエヨ
年は　　　　22歳

□ B: 28歳です。

스물여덟 살이에요.
スムルヨドル　　サリエヨ
28歳

← 年齢は固有語の数詞を使いますね。

□ A: 誕生日は？

생일은요?
センイルンヨ

□ B: 私は5月10日です。

저는 오월 십일이에요.
チョヌン　オウォル　シビリイエヨ
　　　　　5月　　　10日

□月 ○日 = "□월 ○일"
　　　　　　　ウォル　イル

〈注意！〉
6月 = 유월
10月 = 시월

Lesson 9 仕事・趣味について

ショート対話

【仕事】

□ A: どんなお仕事をされていますか。

무슨 일 하고 계세요?
ムスン イル ハゴ ゲセヨ
どんな　　お仕事　されていますか

⇒「〜を」の"〜을[ウル]/〜를[ルル]"は会話ではよく省かれます。

□ B: 会社員です。

회사원이에요.
フェサウォニエヨ

- 「主婦」주부 [チュブ]
- 「販売員」판매원 [パンメウォン]
- 「公務員」공무원 [コオムウォン]

□ C: 学生です。

학생이에요.
ハクセンイエヨ

- 「技術者」기술자 [キスルチャ]
- 「留学生」유학생 [ユハクセン]

関連表現・単語

■ 趣味を言えるようにしておきましょう。

- 「スポーツ」 스포츠 スッポチュ
- 「釣り」 낚시 ナクシ
- 「コンピュータ」 컴퓨터 コンピュット
- 「絵画」 회화 フェファ
- 「生け花」 꽃꽂이 コッコジ
- 「登山」 등산 トゥンサン

すぐに使えるフレーズ

【趣味】

☐ A: 趣味は何ですか。

취미가 뭐예요?
チュイミガ　　ムォエヨ
趣味は　　　　何ですか

☐ B: カラオケです。

가라오케예요.
カラオケエヨ

「カラオケルーム」は "노래방" ノレバン

☐ A: 趣味が同じですね。

취미가 같군요.
チュミガ　　カックニョ
趣味が　　　同じですね

☐ ゴルフをしたことがありますか。

골프 해 본 적이 있어요?
コルプ　ヘ　ボン　チョギ　イッソヨ
ゴルフを　　したことがありますか

過去の経験を言うときのパターン（→P.40）

☐ 私は読書が好きです。

저는 독서를 좋아해요.
チョヌン　トクソルル　　チョアヘヨ
　　　　　読書が　　　　好きです

☐ 私は料理が大好きです。

저는 요리를 참 좋아해요.
チョヌン　ヨリルル　チャム　チョアヘヨ
　　　　　料理が　　大好きです

「とても」

PART 3　すぐに話せる！よく使う基本・日常表現

Lesson 10 韓国・韓国語について

よく使う表現

□ 韓国は初めてです。

한국은 처음이에요.
ハングン　　チョウミエヨ
韓国は　　　初めてです

□ 今, 韓国語の勉強中です。

지금 한국말 공부하는 중이에요.
チグム　　ハングンマル　コンブハヌン　　　　ジュンイエヨ
今　　　　韓国語の　　　勉強中です

□ 私も韓国語を習いたいです。

저도 한국말 배우고 싶어요.
チョド　　ハングンマル　ペウゴ　　シッポヨ
私も　　　韓国語　　　　習いたいです

□ 韓国語教えてください。

한국말 가르쳐 주세요.
ハングンマル　カルチョ　　ジュセヨ
韓国語　　　　教えて

関連表現・単語

◇「習ったことがあります」
　배운 적이 있어요.
　ペウン　チョギ　イッソヨ

◇「この本を読んだことがありますか」
　이 책 읽어 본 적이 있어요?
　イ　チェク　イルゴ　ボン　チョギ　イッソヨ

過去の経験を言うとき
(P.40を参照)

すぐに使えるフレーズ

☐ これは韓国語で何と言いますか。

이건 한국말로 뭐라고 합니까?
イゴン　　ハングンマルロ　　ムォラゴ　　ハムニッカ
これは　　韓国語で　　　　　何と　　　　言いますか

☐ この単語を発音していただけますか。

이 단어 발음해 주시겠어요?
イ　タノ　　パルムヘ　　ジュシゲッソヨ
この　単語　発音して　　いただけますか

☐ もう一度言ってください。

다시 한번 말해 주세요.
タシ　　ハンボン　マルヘ　ジュセヨ
もう一度　　　　　言って

☐ ゆっくり話してください。

천천히 이야기 해 주세요.
チョンチョニ　イヤギ　　　ヘ　　ジュセヨ
ゆっくり　　　話して

「話す」…"イヤギハダ" 이야기해다

☐ "ムル"はどういう意味ですか。

"물"은 무슨 뜻이에요?
ムルン　　　ムスン　　トゥシエヨ
"ムル"は　　どういう　意味ですか

PART 3 すぐに話せる！よく使う基本・日常表現

Lesson 11 　連絡・Eメール・パソコン

ショート対話

☐ A: 連絡はどうとったらいいですか。

연락은 어떻게 하면 좋아요?
ヨルラグン　オットッケ　ハミョン　チョアヨ
連絡は　　　どう　　　　とったら　　いいですか

☐ B: 携帯に電話してください。

휴대폰으로 전화 주세요.
ヒュデッポヌロ　　　チョナ　　ジュセヨ
携帯に　　　　　　　電話して

⇒「携帯電話」の言い方は2通りあります。

　◇ "휴대폰"　　　　"휴대"〔=携帯〕+ "폰"〔=phone〕
　　　ヒュデッポン　　　ヒュデ　　　　　　　　ポン

　◇ "핸드폰"　　　　"핸드"〔=hand〕+ "폰"〔=phone〕
　　　ヘンドゥッポン　　ヘンドゥ　　　　　　　　ポン

関連表現・単語

■「公衆電話」"공중전화 [コンジュンジョナ]"

◇ 韓国にも日本のようにテレホンカード式公衆電話があります。
◇ 韓国の公衆電話は4〜5種類あります。
◇ 旅行者にとても便利なものは,国際電話もかけられる「テレホンカード」を使うタイプです。

すぐに使えるフレーズ

【連絡の方法】

☐ 明日, 10時に連絡してもいいですか。

내일 열시에 연락해도 좋습니까?
ネイル　　ヨルシエ　　ヨルラッケド　　　　チョッスムニッカ
明日　　　10時に　　　連絡してもいいですか

☐ e-mailアドレスを教えてください。

이메일 주소 가르쳐 주세요.
イメイル　　　チュソ　　　カルチョ　　　ジュセヨ
e-mail　　　　アドレス　　教えて

「教える」…"カルチダ" 가르치다

☐ A: 電話番号を教えてください。

전화번호를 가르쳐 주세요.
チョナボノルル　　　　　カルチョ　　　ジュセヨ
電話番号を

☐ B: 123-4567番です。

일 이 삼 의 사 오 육 칠 번 입니다.
イル　イ　サム　エ　　サ　オ　ユㇰ　チル　ボン　イムニダ
1　　2　　3　-(ハイフン)　4　5　6　7　番　　です

☐ 暇な時に電話してください。

시간 날 때 전화하세요.
シガン　　ナㇽ　テ　　チョナハセヨ
暇な時に　　　　　　電話してください

□ 私の電話番号を知らせておきますね。

제 전화번호 알려 줄게요.
チェ チョナボノ　　　アルリョ　ジュルケヨ
　　電話番号　　　　　知らせておきますね

□ A: 必ず電話します。

꼭 전화할게요.
コク　チョナハルケヨ
必ず　電話します

□ B: 私も!

저도요!
チョドヨ

□ 住所を教えてください。

주소를 가르쳐 주세요.
チュソルル　カルチョ　　ジュセヨ
住所を　　　教えて

□ 手紙を書きます。

편지 쓸게요.
ピョンジ　スルケヨ
手紙　　　書きます

「書く」…"쓰다"
　　　　　　スダ

PART 4

すぐに話せる！
韓国旅行
重要フレーズ

Lesson 12 タクシーに乗る

ショート対話

□A: どちらに行きますか。

어디로 가세요?
オディロ　　カセヨ

□B: ロッテホテルへ行ってください。

롯데 호텔 가 주세요.
ロッテ　ホテル　カ　ジュセヨ

□A: いくらくらいかかりますか。

얼마 정도 걸려요?
オルマ　　チョンド　　コルリョヨ
いくらくらい　　　　　かかりますか

□B: 6,000ウォンくらいでしょう。

6천 원 정도 나올 거에요.
ユクチョヌォン　チョンド　ナオル　コエヨ
6000ウォン

関連表現・単語

■ 韓国のタクシーは，日本のように「自動ドア」は少なく，ドアは自分で開けるケースが多い。

「次の角で降ろしてください」

다음 코너에서 내려 주세요.
タウム　　コノエソ　　　　ネリョ　ジュセヨ
次の　　角で　　　　　　降ろして

すぐに使えるフレーズ

□ タクシー乗り場はどこですか。

택시 타는 데가 어디예요?
テクシ　　タヌン　　デガ　　オディエヨ
タクシー　乗り場は　　　　　どこですか

⇒ 「タクシー乗り場」は"승강장［スンカンジャン］"とも言います。

□ 乗ってもいいですか。

타도 돼요?
タド　　ドェヨ
乗っても

行き先を書いた「メモ」を運転手に見せながら。

□ ここに行ってください。

여기로 가 주세요.
ヨギロ　　カ　　ジュセヨ
ここに　　行って

「行く」…"가다"

□ ロッテホテルまでお願いします。

롯데 호텔까지 부탁해요.
ロッテ　　ホテルッカジ　　プッタッケヨ
ロッテホテルまで

「～まで」

⇒ タクシーの運転手に行き先を告げるときの表現です。

PART 4 すぐに話せる！韓国旅行重要フレーズ

□ 何分くらいかかりますか。

몇 분 정도 걸려요?
ミョップン　チョンド　コルリョヨ
何分くらい　かかりますか

□ 南大門市場が見えたら教えてください。

남대문시장이 보이면 알려 주세요.
ナムデムンシジャンイ　　　ポイミョン　アルリョ　ジュセヨ
南大門市場が　　　　見えたら　教えて

□ ここで降ろしてください。

여기서 내려 주세요.
ヨギソ　　ネリョ　ジュセヨ
ここで　　降ろして

□ 次の角で降ろしてください。

다음 코너에서 내려 주세요.
タウム　コノエソ　　　ネリョ　ジュセヨ
次の　　角で

□ 次の信号で降ろしてください。

다음 신호에서 내려 주세요.
タウム　シノエソ　　　ネリョ　ジュセヨ
　　　　信号で

□ ここで停めてください。

여기서 세워 주세요.
ヨギソ　　セウォ　ジュセヨ
ここで　　停めて

● **Lesson 12 タクシーに乗る**

□ 降ります。

내려요.
ネリョヨ

□ B: 着きましたよ。

다 왔어요.
タ　ワッソヨ

□ A: いくらですか。

얼마예요?
オルマエヨ

□ B: 7500ウォンです。

7천5백원이요.
チルチョンオベグォニヨ

⇒ パッチムのない体言＋요, パッチムのある体言＋이요で,
　(이)에요 よりも親しげに「～です」を表します。

□ A: おつりはいいですよ。

잔돈은 됐어요.
チャンドヌン　トェッソヨ
おつりは　　いいですよ

⇒ "잔돈"は「おつり」。"거스름돈"とも言います。
　チャンドン　　　　　　　　コスルムトン

PART 4

すぐに話せる！韓国旅行重要フレーズ

Lesson 13 バスに乗る

ショート対話

□ A: 切符売り場はどこですか。

표 사는 데가 어디예요?
ピョ サヌン デガ オディエヨ
切符売り場は　　　　どこですか

□ B: あそこです。

저기예요.
チョギエヨ

「こ・そ・あ・ど」の表現をしっかり覚えましょう。（→ P.26）

□ A: ここに座ってもいいですか。

여기에 앉아도 돼요?
ヨギエ　　アンジャド　ドェヨ
ここに　　座っても

□ B: はい, かまいません。

네, 괜찮아요.
ネ　　クェンチャナヨ

関連表現・単語…

◇「終点ですか」

종점이에요?
チョンチョミエヨ

◇「ここで切符は買えますか」

여기서 차표 살 수 있어요?
ヨギソ　　チャピョサル　ス　イッソヨ

すぐに使えるフレーズ

□ バスの乗り場はどこですか。

버스 정류장은 어디예요?
ポス　　チョンニュジャンウン　　オディエヨ
バスの　　乗り場は

⇒「バス乗り場」"버스승차장 [ポススンチャジャン]"

□ バスの路線図がありますか。

버스 노선도 있어요?
ポス　　ノソンド　　イッソヨ
バスの　路線図が

□ 時刻表がありますか。

시각표 있어요?
シガヶピョ　イッソヨ
時刻表

□ 切符はどこで買えますか。

표는 어디서 사요?
ピョヌン　オディソ　サヨ
切符は　　　　　　買えますか

⇒「切符」は "표 [ピョ]" または 차표 [チャッピョ]

□ ソウル駅までいくらですか。

서울역까지 얼마예요?
ソウルリョッカジ　オルマエヨ
ソウル駅まで

□ A: ソウル行きは何番ですか。

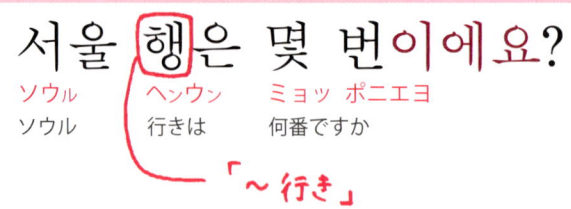

서울 행은 몇 번이에요?
ソウル ヘンウン　ミョッ ポニエヨ
ソウル　行きは　　何番ですか

「〜行き」

□ B: 5番です。

5번이에요.
オボニエヨ

□ このバスは金浦空港へ行きますか。

이 버스 김포공항 가요?
イ　ポス　キムポコンハン　カヨ
　　　　　金浦空港へ

● バスの行き先は確認してから乗るようにしましょう。

□ 終点はどこですか。

종점은 어디예요?
チョンチョムン　オディエヨ
終点は

□ 何分かかりますか。

몇 분 걸려요?
ミョッ プン　コルリョヨ
何分　　　　かかりますか

● **Lesson 13　バスに乗る**

□ 東大門で降ります。

동대문에서 내려요.
トンデムネソ　　　　ネリョヨ
東大門で　　　　　　降ります

□ 明洞に着いたら教えてください。

명동에 도착하면 알려 주세요.
ミョンドンエ　トッチャッカミョン　アルリョ　ジュセヨ
明洞に　　　　着いたら　　　　　教えて

□ どこで降りたらいいですか。

어디서 내리면 돼요?
オディソ　　ネリミョン　　ドェヨ
どこで　　　降りたらいいですか

□ ここで降ろしてください。

여기서 내려 주세요.
ヨギソ　　ネリョ　　ジュセヨ
ここで　　降ろして

□ 降ります。

내려요.
ネリョヨ

□ おつりはありますか。

거스름돈 있어요?
コスルムトン　　イッソヨ
おつりは

PART 4　すぐに話せる！韓国旅行重要フレーズ

Lesson 14 地下鉄・電車に乗る

ショート対話

□ A: この電車は東大門に行きますか。

이 전철은 동대문으로 가요?
イ チョンチョルン トンデムヌロ カヨ
この 電車は 東大門に 行きますか

□ B: 「はい, 行きます」 / 「いいえ, 行きません」

네, 가요. **아뇨, 안 가요.**
ネ カヨ アニョ アン ガヨ

□ A: 釜山まで寝台車を予約したいのですが。

부산행 침대차를 예약하고 싶은데요.
プサネン チムデッチャルル イェヤッカゴ シップンデヨ
釜山まで 寝台車を 予約したいのですが

□ B: 何時の列車にしますか。

몇 시 차로 하시겠어요?
ミョッシ チャロ ハシゲッソヨ
何時の 列車に しますか

関連表現・単語

⇒ 「自動販売機」"**자동판매기**"で買うことができます。
　　　　　　　　　チャドンパンメギ

「自販機」"**자판기**"とも言います。
　　　　　チャッパンギ

券売機は先に区間を押してからお金を入れる機械が多いですが, 駅によってはお金を先に入れる機械もあります。

すぐに使えるフレーズ

【地下鉄に乗る】

□ 切符売り場はどこですか。

표 사는 데가 어디예요?
ピョ　サヌン　デガ　オディエヨ
切符売り場は

□ 地下鉄の駅はどこですか。

지하철역은 어디예요?
チハチョルリョグン　オディエヨ
地下鉄の駅は

□ 東大門まで1枚ください。

동대문까지 한 장 주세요.
トンデムンカジ　　　ハン　ジャン　チュセヨ
東大門まで　　　　　　1枚

⇒「何枚ですか」"몇 장이에요?［ミョッ チャンイエヨ］"

「2枚です」なら，"두 장주세요.［トゥ ジャンチュセヨ］"

□ どこで乗り換えるのですか。

어디서 갈아타요?
オディソ　カラッタヨ
どこで　　乗り換えるのですか

□ ソウル駅に行くにはどこで乗り換えるのですか。

서울역에 가려면 어디서 갈아타요?
ソウルリョゲ　　　カリョミョン　オディソ　　カラッタヨ
ソウル駅に　　　　行くには　　　どこで

PART 4 すぐに話せる！韓国旅行重要フレーズ

□ 駅の番号を教えてください。

역의 번호를 가르쳐 주세요.
ヨゲ　ポノルル　　カルチョ　ジュセヨ
駅の　番号を　　　教えて

地下鉄の駅にはすべて番号がついています。

⇒ ソウルの地下鉄の路線は，色で区別できるようになっています。

【列車に乗る】

□ 窓側の席をお願いします。

창가쪽 으로 자리를 부탁해요.
チャンカッチョ　グロ　チャリルル　プッタッケヨ
窓側の　　　　　　　　席を

□ 通路側の席をお願いします。

통로쪽 으로 자리를 부탁해요.
トンノッチョ　グロ　チャリルル　プッタッケヨ
通路側の　　　　　　　席を

□ 禁煙席をお願いします。

금연석을 부탁해요.
クムヨンソグル　プッタッケヨ
禁煙席を

□ 列車の中で切符を買えますか。

열차 안에서 차표를 살 수 있어요?
ヨルチャ　アネソ　チャッピョルル　サル　ス　イッソヨ
列車の　　中で　　切符を　　　　　買えますか

● **Lesson 14 地下鉄・列車に乗る**

□ 予約を変更したいのですが。

예약을 변경하고 싶은데요.
イェヤグル　ピョンギョンハゴ　シップンデヨ
予約を　　　変更したいのですが

□ この切符を交換したいのですが。

이 차표를 교환하고 싶은데요.
イ　チャッピョルル　キョファナゴ　シップンデヨ
この　切符を　　　交換したいのですが

□ 今, 乗車してもいいですか。

지금 승차해도 돼요?
チグム　スンチャヘド　ドェヨ
今　　　乗車しても

「乗ってもいいですか」
타도 돼요?
タド　ドェヨ

□ 何時に釜山に着きますか。

몇 시에 부산에 도착합니까?
ミョッシエ　プサネ　トッチャッカムニッカ
何時に　　　釜山に　着きますか

□ どのくらいかかりますか。

얼마 정도 걸려요?
オルマ　ジョンド　コルリョヨ
どのくらい　　　かかりますか

PART 4

すぐに話せる！韓国旅行重要フレーズ

■交通機関

日本語	ハングル	カナ読み
タクシー	택시	テゥシ
番号	번호	ポノ
路線図	노선도	ノソンド
終点	종점	チョンチョム
空車	빈차	ピンチャ
電車	전차	チョンチャ
時刻表	시각표	シガゥピョ
～行き	행	ヘン
模範タクシー	모범택시	モポムテゥシ
地下鉄	지하철	チハチョル
改札口	개찰구	ケチャルグ
切符	차표	チャピョ
おつり	잔돈	チャンドン
列車	열차	ヨルチャ
入口	입구	イプク
切符売場	표 파는 곳	ピョパヌンゴッ
バス	버스	ポス
汽車	기차	キチャ
出口	출구	チュルグ
自販機	자판기	チャパンギ
駅	역	ヨゥ
高速道路	고속도로	コソクトロ
角	코너	コノ
乗車券	승차권	スンチャクォン
バス停	버스정류장	ポスチョンニュジャン
予約	예약	イェヤゥ
信号	신호	シノ
売店	매점	メジョム

● Lesson 14　地下鉄・列車に乗る

■ホテル

宿泊	貴重品	冷蔵庫	朝食
숙박	귀중품	냉장고	아침식사
スクパク	クィジュンプム	ネンジャンゴ	アッチムシクサ

受付	故障	アイロン	クリーニング
접수	고장	다리미	클리닝
チョプス	コジャン	タリミ	クルリニン

予約	伝言	石鹸	宿泊料金
예약	전언	비누	숙박요금
イェヤㇰ	チョノン	ピヌ	スクパンニョグム

部屋番号	電話	タオル	会計
방번호	전화	수건	계산
パンボノ	チョナ	スゴン	ケサン

オンドル部屋	ドア	ベッド	非常口
온돌방	문	침대	비상구
オンドルパン	ムン	チムデ	ピサング

毛布	浴室	暖房	トイレットペーパー
모포	욕실	난방	휴지
モポ	ヨㇰシル	ナンバン	ヒュジ

カギ	朝食	冷房	ヘアドライアー
열쇠	아침식사	냉방	드라이어
ヨルセ	アッチムシクサ	ネンバン	トゥライオ

PART 4　すぐに話せる！韓国旅行重要フレーズ

85

15 Lesson ホテル〈チェックインして〉

ショート対話

□ A: 朝食は何時からですか。

아침 식사는 몇 시인가요?
アッチム　シクサヌン　　　ミョッ　シインガヨ
朝食は　　　　　　　　　何時からですか

□ B: 7時から10時までです。

일곱 시에서 열 시까지인데요.
イルゴプ　シエソ　　　　ヨル　シッカジインデヨ
7時から　　　　　　　　10時まで

□ A: 今, 空き部屋がありますか。

지금 빈 방 있어요?
チグム　ピン　バン　イッソヨ
今　　　空き部屋が

□ B: はい, あります。

네, 있습니다.
ネ　　イッスムニダ

関連表現・単語

◇「別の部屋を見せてもらえますか」
다른 방을 보여 줄 수 있어요?
タルン　バンウル　ポヨ　ジュル　ス　イッソヨ

◇「もっと広い部屋はありませんか」
좀더 큰 방은 없어요?
チョムド　クン　バンウン　オプソヨ

すぐに使えるフレーズ

【チェックイン】

☐ A: いらっしゃいませ。

어서 오십시오.
オソ　　オシプシヨ

→ "어서 오세요."とも言います。
　　オソ　オセヨ

☐ B: チェックインをお願いします。

체크인을 부탁해요.
チェックイヌル　プッタッケヨ
チェックインを

☐ B: 予約したマツイです。

예약한 마쓰이입니다.
イェヤッカン　マツイイムニダ
予約した

⇒ 「予約したいのですが」は次のように言います。
　　예약하고 싶어요.
　　イェヤッカゴ　シッポヨ

☐ A: オンドルの部屋はありますか。

온돌방 있어요?
オンドルパン　イッソヨ
オンドルの部屋

☐ B: オンドルの部屋, おとりできます。

온돌방 가능하십니다.
オンドルパン　カヌンハシムニダ

PART 4

すぐに話せる！韓国旅行重要フレーズ

□ ありがとうございます。

감사합니다.
カムサハムニダ

□ A: ここに記入してください。

여기에 기입해 주세요.
ヨギエ　　　キイッペ　　ジュセヨ
ここに　　　記入して

□ A: 宿泊カードにご記入ください。

숙박카드에 적어 주세요.
スクパクカドゥエ　　チョゴ　　ジュセヨ
宿泊カードに

□ B: はい、わかりました。

네, 알았어요.
ネ　　アラッソヨ

貴重品や現金はフロントの貸金庫に預けると安心

□ パスポートを預けたいのですが。

여권을 맡기고 싶은데요.
ヨックォヌル　　マッキゴ　　シップンデヨ
パスポートを　　預けたいのですが

□ 予約を変更したいのですが。

예약을 변경하고 싶어요.
イェヤグル　　ピョンギョンハゴ　　シッポヨ
予約を　　　　変更したいのですが

● **Lesson 15 ホテル〈チェックインして〉**

【たずねる】

□ 非常口はどこですか。

비상구는 어디예요?
ピサングヌン　　　オディエヨ
非常口は

□ 市内電話はどうやってかけるのですか。

시내 전화는 어떻게 걸어요?
シネ　　チョナヌン　　オットッケ　　コロヨ
市内電話は　　　　　どうやって　　かけるのですか

□ 部屋の電話で国際電話はどうやってかけるのですか。

방 전화로 국제전화는 어떻게 걸어요?
パン　チョナロ　　クッチェチョナヌン　　オットッケ　　コロヨ
部屋の電話で　　　国際電話は

□ サウナはありますか。

사우나는 있어요?
サウナヌン　　イッソヨ
サウナは

□ どこで食べられますか。

어디서 먹을 수 있어요?
オディソ　　モグル　　ス　　イッソヨ
どこで　　　食べられますか

PART 4

すぐに話せる！韓国旅行重要フレーズ

□ ファックスのサービスはありますか。

팩스　서비스는 있어요?
ペクス　　ソービスヌン　　イッソヨ
ファックスの　サービスは

□ スポーツクラブはありますか。

헬스클럽은 있어요?
ヘルスックルロブン　　イッソヨ
スポーツクラブは

□ クリーニングすることはできますか。

드라이 클리닝 할 수 있어요?
ドライ　　クルリニン　　ハル　ス　イッソヨ
クリーニング　することは

クリーニングはこのように言いましょう！

⇒ 「洗濯」"세탁 [セタク]" とも言います。

□ いつ仕上がりますか。

언제 다 되나요?
オンジェ　タ　ドェィナヨ
いつ　　　仕上がりますか

【お願いする】

□ アイロンだけかけてください。

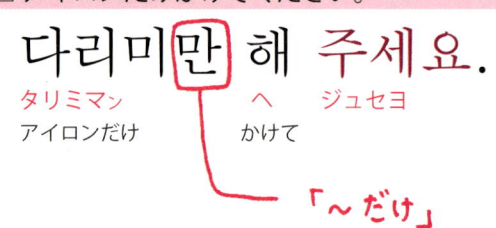

다리미만 해 주세요.
タリミマン　　ヘ　ジュセヨ
アイロンだけ　　かけて

「〜だけ」

● Lesson 15 ホテル〈チェックインして〉

□ この手紙を出してください。

이 편지를 부쳐 주세요.
イ　　ピョンジルル　　プッチョ　　ジュセヨ
この　　手紙を　　　　出して

□ 部屋を替えてほしいのですが。

방을 바꾸고 싶은데요.
パンウル　　パックゴ　　　シップンデヨ
部屋を　　　替えて

□ 鍵を預かってください。

열쇠를 맡아 주세요.
ヨルセルル　　マッタ　　ジュセヨ
鍵を　　　　　預かって

□ 今部屋を掃除していただけますか。

지금 방 청소해 주시겠어요?
チグム　　パン　　チョンソヘ　　チュシゲッソヨ
今　　　　部屋を　掃除してもらえますか

□ 料金は部屋の勘定につけておいてください。

요금은 방 요금에 넣어 주세요.
ヨグムン　　パン　ヨグメ　　　ノオ　　ジュセヨ
料金は　　　部屋の　勘定に　　つけておいて

⇒ホテルのバーやレストランなどでカギを提示して言います。
　"방"は「部屋」/「カギ」は"열쇠"

PART 4　すぐに話せる！韓国旅行重要フレーズ

16 Lesson ホテル〈ルームサービス〉

ショート対話

□ A: どなたですか。

누구세요?
ヌグセヨ

⇒ドアをノックされたら，すぐ開けずにこのように言いましょう。

□ B: ルームサービスです。

룸 써비스입니다.
ルム　ソビスイムニダ

□ A: 今開けます。

지금 열어 드릴게요.
チグム　ヨロ　ドゥリルケヨ

□ A: 少しお待ちください。

잠시만 기다리세요.
チャムシマン　キダリセヨ

⇒ 開けるときにも，チェーンをかけたままで，しっかり確認すること。

旅の心得！

関連表現・単語…

◇「チキンサラダとコーヒーを一杯お願いします」

치킨샐러드와 커피를 한잔 부탁해요.
チッキンセルロドゥワ　　コッピルル　ハンジャン　プッタッケヨ

⇒「〜と」はパッチムがない名詞の場合"과 [クァ]"の代わりに"와 [ワ]"を使います。話し言葉で使われる"하고 [ハゴ]"（〜と）は直前のパッチムの有無よる使い分けはありません。

すぐに使えるフレーズ

【ルームサービス】

☐ A: もしもし（フロントです）。

여보세요.
ヨボセヨ

☐ B: ルームサービスをお願いします。

룸 써비스 부탁해요.
ルム　ソビス　　　　プッタッケヨ
ルームサービス

☐ 氷を持って来てもらえますか。

얼음을 가져다 줄 수 있어요?
オルムル　　カジョダ　　ジュル　ス　イッソヨ
氷を　　　持って来て　　もらえますか

☐ タオルをもう少し余分にもらえますか。

타올을 여유있게 줄 수 있어요?
タオルル　　ヨユイッケ　　　ジュル　ス　イッソヨ
タオルを　　もう少し余分に

☐ マッサージをお願いします。

마사지 부탁해요.
マサジ　　　プッタッケヨ

☐ 明日6時にモーニングコールをお願いします。

내일 6시에 모닝콜 좀 부탁합니다.
ネイル　ヨソッシエ　　モニンコル　ジョム　プッタカムニダ
明日　　6時に　　　　モーニングコールを

PART 4　すぐに話せる！韓国旅行重要フレーズ

Lesson 17 ホテル〈クレーム・トラブル〉

ショート対話

☐ A: 部屋の明かりがつきません。

방에 불이 켜지지 않아요.
パンエ　プリ　キョジジ　アナヨ
部屋の　明かりが　つきません

☐ A: すぐ来てください。

금방 와 주세요.
クムバン　ワ　ジュセヨ
すぐ　来てください

⇒「すぐ」は覚えておきましょう。
　"금방 [クムバン]"

☐ B: はい, わかりました。

네, 알겠습니다.
ネ　アルゲッスムニダ

関連表現・単語

■ 何か困ったことがあったらフロントへ

「部屋にカギを置いてきてしまいました」

방에 열쇠를 두고 왔어요.
パンエ　ヨルセルル　トゥゴ　ワッソヨ
部屋に　カギを　置いてきました

すぐに使えるフレーズ

【クレーム・トラブル】

□ シャワーのお湯が出ません。

샤워의 더운물이 안 나와요.
シャウォエ　　トゥンムリ　　　　アンナワヨ
シャワーの　　お湯が　　　　　　出ません

⇒「水」は"물 [ムル]"、「お湯」は"더운물 [トゥンムル]"。つまり「熱い水」。

□ すぐ直してください。

금방 고쳐 주세요.
クムバン　コチョ　　ジュセヨ
すぐ　　　直して

□ 隣の部屋がうるさいです。

옆 방이 시끄러워요.
ヨプ　パンイ　シックロウォヨ
隣の　部屋が　うるさいです

⇒「〜号室がうるさいです」は次のように言います。
"〜 호실이 시끄러워요."
　　ホシリ　　シックロウォヨ

□ 部屋が暑いです。

방이 더워요.
パンイ　トゥォヨ
　　　　暑いです

□ 部屋が寒いです。

방이 추워요.
パンイ　チュウォヨ
　　　　寒いです

PART 4

すぐに話せる！韓国旅行重要フレーズ

Lesson 18 ホテル〈チェックアウト〉

ショート対話

☐ A: ビールをお飲みになりましたか。

맥주를 마셨어요?
メクチュルル　マショッソヨ
ビールを　　　お飲みになりましたか

☐ B: 私は何も飲んでいません。

나는 전혀 안 마셨어요.
ナヌン　チョニョ　アン　マショッソヨ
　　　　何も　　　　　　飲んでいません
　　　　　　　　否定

☐ A: トラベラーズ・チェックで支払えますか。

여행자수표로 지불할 수 있어요?
ヨヘンジャスッピョロ　　チブルハル　ス　イッソヨ
トラベラーズ・チェックで　支払えますか

☐ B: はい、パスポートを見せてください。

예, 여권을 보여 주세요.
イェ　ヨックォヌル　ポヨ　ジュセヨ

関連表現・単語

◇「チェックアウトしたいのですが」

체크아웃 하고 싶은데요.
チェックアウッ　ハゴ　シップンデヨ

◇「もう一泊したいのですが」

하룻 밤 더 묵고 싶은데요.
ハルッ パム　ト　ムッコ　シップンデヨ

すぐに使えるフレーズ

☐ チェックアウトをお願いします。

체크아웃 부탁해요.
チェック アウッ　　プッタッケヨ

☐ これは何の料金ですか。

이건 무슨 요금이에요?
イゴン　　ムスン　　ヨグミエヨ
これは　　何の　　料金ですか

☐ 部屋を2時まで使ってもいいですか。

방을 두 시까지 사용해도 돼요?
パンウル　トゥ　シッカジ　　サヨンヘド　　　ドェヨ
部屋を　　2時まで　　　　使っても

⇒「〜まで」と限度を表す"까지 [カジ]"

"어디까지 [オディッカジ]"「どこまで」

☐ タクシーを呼んでください。

택시 불러 주세요.
テクシ　　プルロ　　ジュセヨ
タクシーを　呼んで

☐ 荷物を預かってもらえませんか。

짐을 맡아 주세요.
チムル　　マッタ　　ジュセヨ
荷物を　　預かって

Lesson 19 行き方や場所をたずねる

ショート対話

□ A: ここへ行きたいのですが。(メモなどを見せながら)

여기에 가고 싶은데요.
ヨギエ　　　カゴ　　　シップンデヨ
ここへ　　　行きたいのですが

□ B: いっしょに行きましょうか。

같이 갈까요?
カッチ　　カルカヨ
いっしょに　行きましょうか

□ A: デパートはあちらですか。

백화점은 저쪽이에요?
ペックゥカジョムン　チョッチョギエヨ
デパートは　　　　　あちらですか

□ B: あちらではありません。

저쪽이 아니에요.
チョッチョギ　アニエヨ

関連表現・単語

■ 経験をたずねる

「そこに行ったことがありますか」

거기에 간 적이 있어요?
コギエ　　カン　チョギ　イッソヨ
そこに　　行ったことがありますか

すぐに使えるフレーズ

【街で】

☐ ちょっとおたずねします。

말씀 좀 묻겠습니다.
マルスム　チョム　ムッケッスムニダ
ちょっと　　おたずねします

☐ 駅に行く道を教えてください。

역에 가는 길을 가르쳐 주세요.
ヨゲ　カヌン　キルル　カルッチョ　ジュセヨ
駅に　行く道を　　　教えて

⇒「〜を教えてください」という言い方を覚えましょう。
　いろいろな場所で使える便利な表現です。

☐ 道に迷ってしまいました。

길을 잃어 버렸어요.
キルル　イロ　ボリョッソヨ
道に　　迷ってしまいました

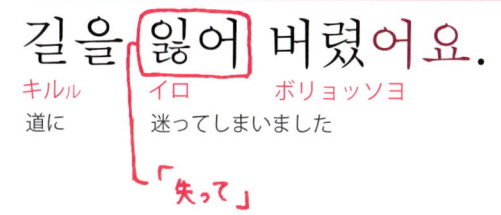

「失って」

☐ ここはどこですか。

여기는 어디예요?
ヨギヌン　オディエヨ
ここは

⇒ 海外旅行で道に迷ったらホテルや店で尋ねるのが安全です。

PART 4

すぐに話せる！韓国旅行重要フレーズ

□ そこへはバスで行けますか。

거기에는 버스로 갈 수 있어요?
コギエヌン　　　ポスロ　　　カル　ス　イッソヨ
そこへは　　　　バスで　　　行けますか

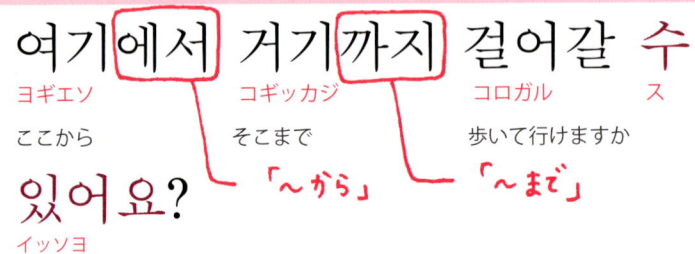

□ ここからそこまで歩いて行けますか。

여기에서 거기까지 걸어갈 수
ヨギエソ　　　　コギッカジ　　　コロガル　　ス
ここから　　　　そこまで　　　　歩いて行けますか

「〜から」　「〜まで」

있어요?
イッソヨ

□ この看板は何と読みますか。

이 간판은 뭐라고 읽어요?
イ　カンパヌン　　ムォラゴ　　イルゴヨ
この　看板は　　　何と　　　　読みますか

□ ちょっと教えてください。

좀 가르쳐 주세요.
チョム　カルッチョ　　ジュセヨ
ちょっと　教えて

● Lesson 19 行き方や場所をたずねる

□ どこですか。

어디예요?
オディエヨ

□ 東大門はどこですか。

동대문이 어디예요?
トンデムニ　　　　オディエヨ
東大門は

□ ここに書いてください。

여기에 적어 주세요.
ヨギエ　　チョゴ　　ジュセヨ
ここに　　書いて

⇒ ="여기에 써 주세요 [ヨギヘ ソ ジュセヨ]."

旅先では
ペンとメモ用紙が
役立ちます。

□ デパートはどちらですか。

백화점은 어느쪽이에요?
ペックヮジョムン　　オヌッチョギエヨ
デパートは　　　　　どちらですか

□ そちらですか。

그쪽이에요?
クッチョギエヨ

PART 4

すぐに話せる！韓国旅行重要フレーズ

Lesson 20 電話をかける

ショート対話

□ A: 番号案内です。

번호 안내입니다.
ポノ　　　アンネイムニダ

□ B: ソウルタワーの電話番号をお願いします。

서울타워 전화번호 부탁해요.
ソウルタウォ　　チョナボノ　　　　プッタッケヨ
ソウルタワーの　電話番号を

□ A: テレフォンカードはどこで売っていますか。

전화 카드는 어디에서 팔아요?
チョナ　カドゥヌン　　オディエソ　　　パラヨ
テレフォンカードは　　　　　　売っていますか

□ B: あちらの売店です。

저쪽의 매점이에요.
チョッチョゲ　メジョミエヨ

関連表現・単語

■ 韓国の番号案内は114 "일일사" です。[イルイルサ]

⇒ 日本への電話は，テレホンカードがいちばん安上がり。
日本への電話は，「001-81」のあとに市外局番の0を省いた相手の電話番号をプッシュします。

すぐに使えるフレーズ

☐ **A:** もしもし。

여보세요?
ヨボセヨ

☐ **B:** どちらさまですか。

누구세요?
ヌグセヨ

☐ **A:** 日本から来た鈴木と申します。

일본에서 온 스즈키라고 합니다.
イルボネソ　　　　　オン　スズキラゴ　　　　　ハムニダ
日本から　　　　　　来た　鈴木と　　　　　　　申します

☐ 李玉淑さんをお願いします。

이옥숙 씨를 부탁합니다.
イオクスク　　シルル　　プッタッハムニダ
李玉淑さんを

☐ すみません。またかけ直します。

미안합니다. 또 다시 걸겠어요.
ミアナムニダ　　　　　ト　　タシ　　コルゲッソヨ
　　　　　　　　　　　また　かけ直します

□ 公衆電話はどこにありますか。

공중전화는 어디에 있어요?
コンジュンジョナヌン　　オディエ　　イッソヨ
公衆電話は　　　　　　どこに

□ 電話をお借りしてもいいですか。

전화 좀 빌려도 돼요?
チョナ　ジョム　ピルリョド　　ドェヨ
電話を　（ちょっと）お借りしても

⇒ 「コードレス電話」は
　"무선 전화기 [ムソンジョナギ]" と言います。　機

⇒ 携帯電話は「携帯」をそのまま使って
　"휴대폰 [フュデッポン]" とも言います。

□ 1万ウォン札をくずしてもらえますか。

만원짜리 바꿔 주실래요?
マヌゥンチャリ　　　パックォ　　ジュシルレヨ
1万ウォン札を　　　くずして　　もらえますか

【国際電話】

□ この電話で国際電話がかけられますか。

이 전화로 국제전화를 걸 수 있어요?
イ　　ジョナロ　　クゥチェチョナルル　　　コル　ス　イッソヨ
この　電話で　　国際電話が　　　　　　　かけられますか

● Lesson 20 電話をかける

□ A: 日本にコレクトコールでかけたいのですが。

일본에 콜렉트콜로 걸고 싶어요.
イルボネ　　　コルレクトゥコルロ　　　コルゴ　　シッポヨ
日本に　　　　コレクトコールで　　　　かけたいのですが

□ A: 日本に指名通話で電話をかけたいのですが。

일본에 지명통화로 전화를 걸고 싶어요.
イルボネ　　チミョントンファロ　　チョナルル　　コルゴ　　シッポヨ
　　　　　　指名通話で　　　　　　電話を

□ B: 電話番号をお願いします。

전화번호 부탁해요.
チョナボノ　　　　プッタッケヨ
電話番号を　　　　お願いします

■電話

電話カード	公衆電話	伝言	市内通話
전화카드	공중전화	전언	시내통화
チョナカドゥ	コンジュンジョナ	チョノン	シネトンファ

携帯電話	国際電話	連絡	市外通話
핸드폰	국제전화	연락	시외통화
ヘンドゥポン	ククチェジョナ	ヨルラク	シウェトンファ

Lesson 21 ショッピング〈品物選び〉

ショート対話

A: おみやげによいものはありますか。

선물하기에 좋은 게 있어요?
ソンムラギエ　　　　チョウン　ゲ　イッソヨ
おみやげに　　　　　よいものは

B: そうですね。高麗人参でしょうか。

글쎄요, 고려인삼일까요?
クルセヨ　　　コリョインサムイルカヨ
　　　　　　　高麗人参

A: では，この（高麗）人参をください。

그럼, 이 인삼을 주세요.
クロム　　イ　インサムル　チュセヨ
では　　この　人参を

B: ありがとうございます。

감사합니다.
カムサ ハムニダ

関連表現・単語

■ 営業時間を確認しておきましょう。

「営業時間は何時ですか」

영업시간은 몇 시인가요?
ヨンオプシガヌン　ミョッ シインガヨ
営業時間は　　　　何時　ですか

すぐに使えるフレーズ

□ 買い物に行きましょうか。

쇼핑 나가 볼까요?
ショッピン　ナガ　　　ボルカヨ
買い物に　行きましょうか

□ いっしょに買い物に付き合ってくれますか。

같이 물건 사러 가지 않을래요?
カッチ　　ムルゴン　サロ　　カジ　　アヌルレヨ
いっしょに　買い物に　付き合ってくれますか

□ 何がほしいですか。

무엇이 좋아요?
ムオシ　　　チョアヨ
何が　　　ほしいですか

□ このお店はどこにありますか。

이 가게는 어디에 있어요?
イ　カゲヌン　　オディエ　　イッソヨ
この　お店は　どこに

□ このお店に寄ってみませんか。

이 가게 들어가 볼까요?
イ　カゲ　　トゥロガ　　ボルカヨ
　　お店に　寄ってみませんか

PART 4

すぐに話せる！韓国旅行重要フレーズ

【店に入る①】

□ A: いらっしゃいませ。

어서 오세요.
オソ　　オセヨ

□ B: こんにちは。

안녕하세요.
アンニョンハセヨ

□ A: 何をおさがしですか。

무엇을 찾으세요?
ムオスル　　チャジュセヨ
何を　　　　おさがしですか

□ A: 何をさしあげましょうか。

무엇을 드릴까요?
ムオスル　　トゥリルカヨ
　　　　　　さしあげましょうか

□ B: はい, おみやげを見たいです。　　*買い物が決まっているとき*

예, 선물을 보고 싶어요.
イェ　ソンムルル　　ポゴ　　シッポヨ
　　　おみやげを　　見たいです

□ B: いいえ。ただ見ているだけです。　　*ゆっくり見たいと伝えるとき*

아니요. 잠시 보고 있을 뿐이에요.
アニヨ　　　チャムシ　ポゴ　イッスル　プニエヨ
　　　　　　ただ　　　見ているだけです

● Lesson 21 ショッピング〈品物選び〉

【店に入る②】

□ A: いらっしゃいませ。

어서 오십시오.
オソ　　　オシプシオ

□ B: はい。スカーフを見たいのですが。

예. 스카프를 보고 싶어요.
イェ　スカプルル　　　ポゴ　　シッポヨ
　　　スカーフを　　　　　　見たいのですが

□ B: 見ているだけです。ありがとう。

구경 좀 할게요. 고마워요. 大切!!
クギョン　ジョム　ハルケヨ　　コマウォヨ

□ B: ただ見ているだけです。

그냥요.
クニャンヨ

⇒ ウィンドーショッピングを楽しむなら：
店員さんに声をかけられたときには，「ゆっくり見たい，見たいだけ」の気持ちを伝えましょう。

□ そのブラウスを見せてください。

저 브라우스를 보여 주세요.
チョ　ブラウスルル　　　　ポヨ　ジュセヨ
その　ブラウスを　　　　　　　見せて

【おみやげを買う】

□ おみやげ用のキムチはありますか。

선물용 김치 있어요?
ソンムリョン　キムチ　イッソヨ
おみやげ用の

□ 味見はできますか。

먹어 봐도 돼요?
モゴ　ボァド　ドェヨ

「食べてみてもいいですか」が直訳。

試食はこう聞いてからするのがマナー。

□ これは何ですか。

이것은 뭔데요?
イゴスン　モンデヨ
これは　何ですか

□ 日用品はどこにありますか。

일용품은 어디 있어요?
イリョンプムン　オディ　イッソヨ
日用品は

□ これを見せてください。

이걸 보여 주세요.
イゴル　ポヨ　ジュセヨ
これを　見せて

110

● Lesson 21 ショッピング〈品物選び〉

□ それを見せてください。

그것 보여 주세요.
クゴッ　ポヨ　ジュセヨ
それを　見せて

【商品について質問する】

□ これと同じものはありますか。

이것과 같은 것 있어요?
イゴックヮ　カットゥン　ゴッ　イッソヨ
これと　　　同じものは

雑誌の切り抜きや写真を見せながら、こう聞いてもいいですね。

□ 他のものはありますか。

딴거 있어요?
タンゴ　イッソヨ
他のものは

□ ほかの安いものを見たいです。

다른 싼 것을 보고 싶어요.
タルン　サン　ゴスル　ポゴ　シッポヨ
　　　　安いものを　　見たいのですが

「ほかの」

PART 4 すぐに話せる！韓国旅行重要フレーズ

- [ ] ほかのブランドはありますか。

다른 브랜드도 있어요?
タルン ブレンドゥド イッソヨ
ほかの ブランドは

- [ ] ほかの商品を見たいのですが。

다른 상품을 보고 싶어요.
タルン サンプムル ポゴ シッポヨ
 商品を 見たいのですが

- [ ] ほかの色を見せてください。

다른 색을 보여 주세요.
タルン セグル ポヨ ジュセヨ
 色を 見せて

▷「色」は"색깔"
セッカル

- [ ] これは何でできてるんですか。

이건 무엇으로 만든 거에요?
イゴン ムオスロ マンドゥン ゴエヨ
これは 何で できてるんですか

- [ ] 地味でおしゃれなブラウスを見せてください。

수수하고 멋진 브라우스 보여 주세요.
ススハゴ モッチン ブラウス ポヨ ジュセヨ
地味で おしゃれな ブラウス

⇒「地味」は"수수한 [ススハン]"/⇒「派手」は"화려한 [ファリョハン]"

● Lesson 21 ショッピング〈品物選び〉

【サイズ・色】

□ もっと大きいのはありますか。

더 큰 거 있어요?
ト　クン　ゴ　　イッソヨ
もっと　大きいのは

□ もっと小さいのはありますか。

더 작은 것 있어요?
ト　チャグン　ゴ　　イッソヨ
　　小さいのは

□ これでLサイズはありますか。

이것으로 엘사이즈는 있어요?
イゴスロ　エルサイズヌン　　イッソヨ
これで　　Lサイズは

□ これでMサイズをください。

이것으로 엠사이즈를 주세요.
イゴスロ　エムサイジュルル　ジュセヨ
　　　　　Mサイズを

Lesson 22 ショッピング〈試してみる〉

ショート対話

□ A: 私に似合いますか。

나한테 어울릴까요?
ナハンテ　　オウルリルカヨ
私に　　　　似合いますか

□ B: 良く似合っていますよ。

잘 어울려요.
チャル　オウルリョヨ
良く

□ A: さわってもいいですか。

만져 봐도 돼요?
マンジョ　ボァド　ドェヨ
さわっても

□ B: いいですよ。

네.
ネ

関連表現・単語…

■ショッピングで注意すること

▶ 靴や洋服のサイズの表示が日本とは違います。さらにメーカーによっても差がありますから，必ず"試着"しましょう。

▶ 商品を手に取ってみたいときには，許可を得る表現を使いましょう。

すぐに使えるフレーズ

☐ 着てみてもいいですか。

입어 봐도 돼요?
イボ　　ボァド　　ドェヨ
着てみても

「これを〜」というときは
"이거[イゴ]"を最初に
つけます。

☐ 履いてみてもいいですか。

신어 봐도 돼요?
シノ　　ボァド　　ドェヨ
履いてみても

⇒ 必ず許可を得てから試しましょう。

☐ 書いてみてもいいですか。

써 봐도 돼요?
ソ　　ボァド　　ドェヨ
書いてみても

☐ 試聴をできますか。

들을 수 있어요?
トゥルル　ス　イッソヨ
試聴を

PART 4
すぐに話せる！韓国旅行重要フレーズ

□ 食べてみてもいいですか。

먹어 봐도 돼요?
モゴ　ボァド　ドェヨ
食べてみても

試食するときに

□ 気に入ったわ。

마음에 들어요.
マウメ　　トゥロヨ
気に　　　入った

□ 気に入らないわ。

마음에 안 들어요.
マウメ　アン　ドゥロヨ
気に　入らない

否定

□ すごく素敵です。

참 멋져요.
チャム　モッチョヨ

□ ピッタリですね。

꼭 맞아요.
コク　マジャヨ

● Lesson 22 ショッピング〈試してみる〉

□ 少しきついです。

좀 작아요.
チョム チャガヨ
少し きついです

> 試着したときの表現は P.123の「ショッピング」の単語だけは覚えましょう。

□ サイズが合いません。

사이즈가 안 맞아요.
サイジュガ アン マジャヨ
サイズが 合いません

否定

□ もし合わなければ返品してもいいですか。

만일 맞지 않으면 반품해도 돼요?
マニル マッチ アヌミョン パンプメド ドェヨ
もし合わなければ 返品しても

□ これはあまり好きではありません。

이것은 별로 좋아하지 않아요.
イゴスン ピョルロ チョアハジ アナヨ
これは あまり 好きではありません

Lesson 23 ショッピング〈支払い・包装〉

ショート対話

【支払いで】

□ A: これはいくらですか。

이건 얼마예요?
イゴン　　オルマエヨ

□ B: 2万ウォンです。

이만 원이에요.
イマ ヌォンイエヨ

□ A: これにします。

이걸로 하겠어요.
イゴルロ　　ハゲッソヨ

□ A: 5個ください。

다섯 개 주세요.
タソッ　ケ　チュセヨ
5個

関連表現・単語

■ 次のように金額を確認してから購入するようにすると安心ですね。

「これ, 2万ウォンですか」

이거 이만 원이에요?
イゴ　　イマヌォンイエヨ
これ　　2万ウォンですか

すぐに使えるフレーズ

☐ 少し安くしてください。

좀　싸게 해 주세요.
チョム　サゲ　ヘ　ジュセヨ
少し　安く

→「高いですね」は "비싸네요." ピサネヨ

☐ 全部でいくらですか。

전부 얼마예요?
チョンブ　オルマエヨ
全部

☐ 免税で買えますか。

면세로 살 수 있어요?
ミョンセロ　サル　ス　イッソヨ
免税で　　　　買えますか

☐ たくさん買うので安くしてください。

많이 사니까 싸게 해 주세요.
マニ　サニッカ　サゲ　ヘ　ジュセヨ
たくさん　買うので　安くしてください

値段交渉で使えますね。

☐ 値引きしてください。

할인해 주십시오.
ハリネ　チュシプシオ
値引きして　もらえませんか

PART 4 すぐに話せる！韓国旅行重要フレーズ

□ おつりが違っています。

거스름돈이 틀린 것 같아요.
コスルムトニ　　　　トゥルリン　ゴッ　カッタヨ
おつりが　　　　　　違っています

【包装してもらう】

□ 別々に包んでください。

따로따로 싸 주세요.
タロッタロ　　　サ　　ジュセヨ
別々に　　　　　包んで

□ いっしょに包んでください。

함께 싸 주세요.
ハムケ　サ　ジュセヨ
いっしょに

□ 箱に入れてください。

상자에 넣어 주세요.
サンジャエ　ノオ　ジュセヨ
箱に　　　　入れて

□ これを贈り物用に包んでください。

이것을 선물용으로 포장해 주세요.
イゴスル　ソンムリョンウロ　ポジャンヘ　ジュセヨ
これを　　贈り物用に　　　　包んで

● **Lesson 23 ショッピング〈支払い・包装〉**

☐ 日本に送ってください。

일본으로 보내 주세요.
イルボヌロ　　　ポネ　　　ジュセヨ
日本に　　　　送って

☐ これをホテルまで配達してください。

이것을 호텔까지 배달해 주세요.
イゴスル　　　ホッテルカジ　　ペダレ　　　ジュセヨ
これを　　　　ホテルまで　　　配達して

☐ A: またお越しください。

또 오세요.
ト　　オセヨ
また　お越しください

店員さんのことば

☐ B: また来ます。

또 올게요.
ト　　オルケヨ
　　　来ます

お店を出るときのことば

【交換する】

□ このブラウスを交換したいです。

이 브라우스를 바꾸고 싶어요.
イ　　ブラウスルル　　　　　パックゴ　　　シッポヨ
この　ブラウスを　　　　　　交換したいのですが

□ このTシャツを交換したいのですが。

이 T셔츠를 바꾸고 싶어요.
イ　　ティショチュルル　　パックゴ　　　シッポヨ
　　　Tシャツを

⇒ 「ズボン」　　"바지 [パジ]"

　「スカート」　"치마 [チマ]"

● Lesson 23 ショッピング〈支払い・包装〉

■ショッピング

市場	免税店	書店	地味な〜
시장 シジャン	면세점 ミョンセジョム	서점 ソジョム	수수한 ススハン

おみやげ	民芸品	百貨店	派手な〜
선물 ソンムル	민속품 ミンソクプム	백화점 ペックヮジョム	화려한 ファリョハン

日用品	試着	セール	長い
일용품 イリョンプム	시착 シッチャㇰ	세일 セイル	길다 キルダ

食料品	指輪	帽子	短い
식료품 シンニョップム	반지 パンジ	모자 モジャ	짧다 チャルタ

化粧品	時計	靴	大きい
화장품 ファジャンプム	시계 シゲ	신발 シンバル	크다 クダ

香水	鑑定書	色	小さい
향수 ヒャンス	감정서 カムジョンソ	색깔 セッカル	작다 チャクタ

口紅	韓国のり	ほかの	全部
립스틱 リㇷ゚スッティク	한국김 ハングッキム	다른 タルン	전부 チョンブ

PART 4　すぐに話せる！韓国旅行重要フレーズ

Lesson 24 食事をする

ショート対話

A: いらっしゃいませ。何名様ですか。

어서 오세요. 몇 분이세요?
オソ　オセヨ　　　　ミョッ プニセヨ

B: 2人です。

두 사람이에요.
トゥ　サラミエヨ

「3人」なら "세"

A: これはどう食べるのですか。

이건 어떻게 먹어요?
イゴン　オットッケ　モゴヨ
これは　どう　　　食べるのですか

B: こうやって食べます。

이렇게 먹어요.
イロッケ　モゴヨ
こうやって　食べます

関連表現・単語…

◆「乾杯!」　　건배!
　　　　　　　コンベ

◆食堂などで、「キムチだけください」と言いたいとき、キムチに「〜だけ」の 만 [マン] をつけて、次のように使えます。

"김치만 주세요. [キムチマン チュセヨ]"

すぐに使えるフレーズ

☐ おなかぺこぺこです。

배 고파요.
ペ　　　ゴッパヨ
おなか

☐ 食事に行きましょうか。

식사하러 갈까요?
シクサハロ　　　　カルカヨ
食事に　　　　　行きましょうか

☐ 飲みに行きましょうか。

한잔하러 갈까요?
ハンジャンハロ　　　カルカヨ
飲みに

☐ 何が食べたいですか。

무엇을 먹고 싶어요?
ムオスル　　モッコ　　シッポヨ
　　　　　食べたいですか

☐ どの食堂がおいしいですか。

어느 식당이 맛있어요?
オヌ　　　シクタンイ　　マシッソヨ
どの　　　食堂が　　　おいしいですか

【店に入る】

□ A: いらっしゃいませ。

어서 오십시오.
オソ　　オシプシオ

⇒ 「いらっしゃいませ」は次のようにも言われます。（→ p.124）

어서 오세요.
オソ　　オセヨ

□ A: 何名様ですか。

몇 분이세요?
ミョッ　プニセヨ

□ B: 3人です。

세 사람이에요.
セ　　サラミエヨ

□ 禁煙席をお願いします。

금연석을 부탁해요.
クミョンソグル　　プッタッケヨ
禁煙席を

● Lesson 24 食事をする

☐ 窓際のテーブルをお願いします。

창 옆 테이블을 부탁해요.
チャン ニョプ　テイブルル　　プッタッケヨ
窓際の　　　　テーブルを

☐ 2人用の席はありますか。

이인용 자리 있어요?
イイニョン　　チャリ　イッソヨ
2人用の　　　席は

☐ ここに座ってもいいですか。

여기 앉아도 돼요?
ヨギ　アンジャド　ドェヨ
ここに　座っても

列車、バス、屋台など いろいろな場面で 使える便利な表現です。

☐ 席を替えてもいいですか。

자리를 바꿔도 돼요?
チャリルル　パックオド　ドェヨ
席を　　　　替えても

☐ 別のテーブルがいいのですが。

다른 테이블이 좋겠는데요.
タルン　テイブリ　　チョッケンヌンデヨ
別の　　テーブルが　いいのですが

【飲み物を注文する】

□ A: お酒は何が好きですか。

술은 뭘 좋아하세요?
スルン　ムォル　チョアハセヨ
お酒は　何が　好きですか

□ B: 焼酎です。

소주요.
ソジュヨ

□ A: お飲み物は？

음료수는?
ウムニョスヌン

□ B: ビールをください。

맥주 주세요.
メクチュ　チュセヨ
ビールを

- 「生ビール」 "생맥주" [センメクチュ]
- 「ビンビール」 "병맥주" [ピョンメクチュ]
- 「焼酎」 "소주" [ソジュ]
- 「マッコリ」 "막걸리" [マッコルリ]

韓国の濁り酒

● **Lesson 24 食事をする**

□ 私はジュースをください。

난 쥬스 주세요.
ナン　ジュス　　チュセヨ
私は　ジュースを

- 「コーヒー」"커피 [コッピ]"
- 「水」"물 [ムル]"
- 「お茶」"차 [チャ]"
- 「紅茶」"홍차 [ホンチャ]"

□ ユズ茶をください。

유자차 주세요.
ユジャッチャ　チュセヨ
ユズ茶を

- 「なつめのお茶」"대추차 [テッチュッチャ]"
- 「人参茶」"인삼차 [インサムチャ]"

□ 水をください。

물을 주세요.
ムルル　　チュセヨ
水を

□ ビールをもう1本ください。

맥주 한 병 더 주세요.
メクチュ　ハン　ビョン　ト　チュセヨ
ビールを　　1本　　　「もっと」

□ コーヒーの代わりに人参茶をください。

커피 대신에 인삼차 주세요.
コッピ　テシネ　　インサムチャ　チュセヨ
コーヒーの　代わりに　人参茶を

PART 4 すぐに話せる！韓国旅行重要フレーズ

【食べ物を注文する】

□ すみません！（喫茶店や食堂で店員を呼ぶとき）

여기요. / 저기요.
ヨギヨ　　　　チョギヨ

□ 今注文したいのですが。

지금 주문하고 싶어요.
チグム　チュムナゴ　　　シッポヨ
今　　 注文したい

□ メニューを見せてください。

메뉴 보여 주세요.
メニュ　ポヨ　ジュセヨ
メニューを 見せて

□ 日本語のメニューはありますか。

일본어 메뉴는 있어요?
イルボノ　メニュヌン　イッソヨ
日本語　　メニューは

□ 韓国料理が食べたいです。

한국요리가 먹고 싶어요.
ハングンニョリガ　モッコ　シッポヨ
韓国料理が　　　　食べたいです

「食べる」は "먹다"
モクタ

● Lesson 24 食事をする

□ 本場の焼肉とキムチが食べたいです。

본고장의　불고기와　김치를
ポンゴジャンエ　プルゴキワ　キムチルル
本場の　　　　焼肉と　　　キムチが

「～と」

먹고　싶어요．
モッコ　シッポヨ
食べたいです

□ 何がいちばんおいしいですか。

뭐가　제일　맛있어요？
ムォガ　チェイル　マシッソヨ
何が　　いちばん　おいしいですか

何を頼んでいいか
わからないときには
この表現で聞きましょう。

⇒ 次のように答えてくれます。
　「～がおいしいです」"～맛있습니다．"
　　　　　　　　　　　マ シッスムニダ

　　　　　　　　"～맛있어요．"
　　　　　　　　　マ シッソヨ

□ これはどんな料理ですか。

이건　무슨　요리예요？
イゴン　ムスン　ヨリエヨ
これは　どんな　料理ですか

PART 4

すぐに話せる！韓国旅行重要フレーズ

□ すみません! 定食をください。

저기요! 정식을 주세요.
チョギヨ　　　チョンシグル　　チュセヨ
　　　　　　　定食を

□ これをください。

이것을 주세요.
イゴスル　　　チュセヨ
これを

⇒ 注文するものが決まったら, メニューを指しながら, この表現を使うのがいちばん簡単な方法です。

□ これは何ですか。

이건 뭐예요?
イゴン　　ムォエヨ
これは

□ あれもおいしそうですね。

저것도 맛있게 생겼네요.
チョゴット　　マシッケ　　　センギョンネヨ
あれも　　　　おいしそう

□ A: 注文なさいますか。

주문 하시겠어요?
チュムン　　ハシゲッソヨ
注文　　　　なさいますか

● Lesson 24 食事をする

□ B: はい, お願いします。

네, 부탁해요.
ネ　　プッタッケヨ

□ 何がおいしいですか。

뭐가 맛있어요?
ムォガ　　マシッソヨ
何が　　　おいしいですか

□ A: 何を注文なさいますか。

뭘로 하시겠어요?
ムォルロ　ハシゲッソヨ
何を　　　注文なさいますか

□ B: 牛カルビ3人分ください。

소갈비 3인분 주세요.
ソカルビ　サムインブン　チュセヨ
牛カルビ　3人分
　　　　　　삼

⇒ 「～人前」は "～ 인분"［インブン］と言います。

● 「1人前」"1 인분"［イルインブン］

● 「2人前」"2 인분"［イインブン］

● 「4人前」"4 인분"［サインブン］

● 「5人前」"5 인분"［オインブン］

□ 箸をください。

젓가락을 주세요.
チョッカラグル　　チュセヨ
箸を

□ 箸はありますか。

젓가락은 있어요?
チョッカラグン　　イッソヨ

⇒ 韓国ではスプーンと箸を使います。
　　使い捨ての割りばしは禁止されており，ステンレス製の箸が一般的です。

□ A: もう食べていいですか。

이젠 먹어도 됩니까.
イジェン　　モゴド　　　　ドェムニカ
もう　　　　食べて　　　　いいですか

□ B: まだですよ。

아직요.
アジクヨ

□ B: いいですよ。

괜찮아요.
クェンチャナヨ

□ いただきます。

잘 먹겠습니다.
チャル　モッケッスムニダ

● Lesson 24 食事をする

□ とてもおいしいです。

정말 맛있게 먹었어요.
チョンマル　マシッケ　　　モゴッソヨ
とても　　　おいしいです

□ 火を強くしてください。

불을 세게 해 주세요.
プルル　セゲ　　　ヘ　　ジュセヨ
火を　　強くして

覚えやすいですね。

□ 火を弱くしてください。

불을 약하게 해 주세요.
プルル　ヤッカゲ　　ヘ　　ジュセヨ
火を　　弱くして

□ 網をかえてください。

철판을 바꿔 주세요.
チョルパヌル　パッコ　　ジュセヨ
網を　　　　　かえて

□ 参鶏湯を2つください。

삼계탕 둘 주세요.
サムゲッタン　トゥル　チュセヨ
参鶏湯　　　2つ

⇒「参鶏湯」"삼계탕"は,
　「鶏を丸ごと朝鮮人参を入れて煮込んだスープ」。

韓国料理名の
ハングル文字が読めると
楽しい旅ができます。
(→ P.149)

PART 4

すぐに話せる！韓国旅行重要フレーズ

□ A: これはどう食べるのですか。

이건 어떻게 먹어요?
イゴン　　オットッケ　　モゴヨ
　　　　　どう　　　　食べるのですか

□ A: 食べ方を教えてください。

먹는 방법을 가르쳐 주세요.
モンヌン　パンボブル　　カルチョ　　ジュセヨ
食べ方を　　　　　　　教えて

□ B: こうやって食べます。

이렇게 먹어요.
イロッケ　　モゴヨ
こうやって　食べます

□ 一度食べたことがあります。

한번 먹은 적이 있어요.
ハンボン　モグン　チョギ　イッソヨ
一度　　　食べたことが

□ おかわりをください。

더 주세요.
ト　チュセヨ

「もっと」の意味

136

● Lesson 24 食事をする

□ キムチのおかわりをください。

김치 더 갖다 주세요.
キムチ　ト　カッタ　ジュセヨ
キムチの　おかわりを

□ ごはんをもう1つください。

밥을 하나 더 주세요.
パブル　ハナ　ト　チュセヨ
ごはんを　1つ

【辛さ】

□ これは辛いですか。

이거 매워요?
イゴ　メウォヨ
これは　辛いですか

□ 辛くしないでください。

안 맵게 해 주세요.
アン　メプケ　ヘ　ジュセヨ

否定

□ 辛くしてください。

맵게 해 주세요.
メプケ　ヘ　ジュセヨ
辛く　してください

CD 55

☐ 唐辛子をあまり入れないでください。

고춧가루 너무 넣지 마세요.
コッチュッカル　　　ノム　　　ノッチ　　マセヨ
唐辛子　　　　　　　あまり　　入れないでください

⇒ 料理から嫌いな物を除いてほしい時は，この表現を使いましょう。
　　"~ 넣지 마세요．[~ノッチ　マセヨ]"

⇒ 逆に多くほしい時は
　　"~ 많이 넣어 주세요．[~マニ　ノオ　ジュセヨ]" と言います。

☐ 白菜キムチをください。

배추김치 주세요.
ペッチュ ギムチ　　チュセヨ
白菜キムチ

☐ 水キムチをください。

물김치를 주세요.
ムルギムチルル　　　チュセヨ
水キムチを

⇒ 大根キムチ　　　"무김치 [ムギムチ]"
⇒ キュウリキムチ　"오이김치 [オイギムチ]"
⇒ ニラキムチ　　　"부추김치 [プッチュギムチ]"

☐ キムチをもう1つください。

김치 하나 더 주세요.
キムチ　　　ハナ　　ト　　チュセヨ
キムチを

● Lesson 24 食事をする

□ ナムルは別の器にしてください。

나물은 다른 그릇에 주세요.
ナムルン　タルン　クルセ　チュセヨ
ナムルは　別の　器に

□ 辛いです。

너무 매워요.
ノム　メウォヨ
　　　(辛い)

□ 辛いけれどとてもおいしいです。

맵지만 아주 맛있어요.
メプチマン　アジュ　マシッソヨ
辛いけれど　とても　おいしいです

□ 甘いです。

너무 달아요.
ノム　タラヨ
　　　(甘い)

□ にがいです。

너무 써요.
ノム　ソヨ
　　　(にがい)

□ しょっぱいです。

너무 짜요.
ノム　チャヨ
　　　(しょっぱい)

}　味の表現を覚えましょう!!

PART 4　すぐに話せる！韓国旅行重要フレーズ

□ すっぱいです。

너무 셔요.
ノム　　ショヨ
　　　　すっぱい

□ これは注文していません。

이건 안 시켰어요.
イゴン　アン　シッキョッソヨ
これは　注文していません
　　　　└─ 否定

□ これは注文しました。

이건 시켰어요.
イゴン　シッキョッソヨ
　　　　注文しました

【食事を終える】

□ A: ほかに何か注文はございますか。

더 주문하실 것은 없어요?
ト　チュムナシル　　コスン　　オプソヨ
　　何か注文は　　　　　　　ございますか

□ B: いいえ, 結構です。

아니요, 됐어요.
アニヨ　　　トェッソヨ
　　　　　　結構です

⇒ "아니요, 괜찮아요 [アニヨ クェンチャナヨ]." とも言います。

● Lesson 24 食事をする

□ もう食べられません。

더 이상 못 먹겠어요.
ト　イサン　モン　モッケッソヨ
　　　　　　　　食べられません

□ おなかがいっぱいです。

너무 배불러요.
ノム　　　ペブルロヨ
おなかが　いっぱいです

□ これを持ち帰ることはできますか。

이것을 가지고 가도 돼요?
イゴスル　カジゴ　ガド　ドェヨ
これを　　持ち帰ることは

□ おいしかったです。

맛있게 먹었어요.
マシッケ　モゴッソヨ

⇒ 「おいしかった」のように過去の表現をするには，次のように 았 [アッ] / 었 [オッ] などを動詞や形容詞のあとにつけます。

□ ごちそうさまでした。

잘 먹었어요.
チャル　モゴッソヨ

141

☐ たくさんいただきました。

많이 먹었어요.
マニ　　モゴッソヨ
たくさん　食べました

【支払う】

☐ 計算してください。

계산해 주세요.
ケサネ　　ジュセヨ

⇒「おいくらですか」と尋ねるには，"얼마예요 [オルマエヨ？]"ですね。

☐ 今日は私が払います。

오늘은 제가 내겠어요.
オヌルン　　チェガ　　ネゲッソヨ
今日は　　　私が　　　払います

⇒「割り勘」は韓国語では次のように言います。

각자부담 [カクチャブダム]

日本のように「割り勘」はあまりしません。

☐ 金額を書いてください。

금액을 써 주세요.
クメグル　　　ソ　　ジュセヨ
金額を　　　　書いて

● Lesson 24 食事をする

□ 紙に書いてください。

종이에 써 주세요.
チョンイエ　　ソ　　ジュセヨ
紙に

□ 計算がまちがっています。

계산이 틀려요.
ケサニ　　　　トゥルリョヨ
計算が　　　　まちがっています

漢字語ですね。

□ このカードは使えますか。

이 카드 돼요?
イ　カドゥ　ドェヨ
この　カード　使えますか

□ クレジットカードで支払えますか。

신용 카드로 지불할 수 있어요?
シンヨン　カドゥロ　　チブラル　　ス　イッソヨ
クレジットカードで　　支払えますか

□ どこにサインをすればいいですか。

어디에 싸인을 하면 돼요?
オディエ　　サイヌル　　ハミョン　ドェヨ
どこに　　サインを

□ 領収書をください。

영수증 주세요.
ヨンスジュン　チュセヨ
領収書

PART 4

すぐに話せる！韓国旅行重要フレーズ

Lesson 25 ファストフード店で

ショート対話

□ A: ここでお召し上がりですか。

여기서 드시겠습니까?
ヨギソ　　　トゥシゲッスムニッカ
ここで　　　お召し上がりですか

□ B: ここで食べます。

여기서 먹어요.
ヨギソ　　　モゴヨ
ここで　　　食べます

□ B: 持ち帰ります。

포장해 주세요.　（가지고 갑니다.）
ポジャンヘ　ジュセヨ　　　カジゴ　　　ガムニダ
包装して　　　　　　　　持ち帰ります

□ B: テイクアウトします。

테이크아웃요.
テイックアウッヨ

関連表現・単語

■「テイクアウトします」は次のようにも言えます。

直訳すると「包んでください」です。

"싸 주세요."
　　サ　　ジュセヨ

すぐに使えるフレーズ

☐ 席は空いていますか。

자리 있어요?
チャリ　　イッソヨ
席は

☐ コーラの大[Lサイズ]を1つください。

콜라 큰 거 하나 주세요.
コルラ　クン　ゴ　ハナ　　チュセヨ
コーラの　大[L]を　　1つ

小[Sサイズ]なら "작은" チャグン

☐ アイスコーヒー1つください。

아이스 커피 하나 주세요.
アイス　　コッピ　ハナ　　チュセヨ
アイスコーヒー　　1つ

「1つ、2つ、3つ…」は固有語の数詞を使います。(→P.23)

☐ キムチバーガーをください。

김치 햄버거 주세요.
キムチ　　ヘムボゴ　チュセヨ
キムチバーガー

⇒「ハンバーグ」が「ヘムボゴ」のように、
　韓国語では外来語の発音が日本語とちがうことに注意。
　「プルコギバーガー」は 불고기 햄버거 [プルゴギ ヘムボゴ]

☐ ケチャップをもらえますか。

케첩 좀 주실래요?
ケチョプ　チョム　チュシルレヨ
ケチャップを　　　もらえますか

PART 4

すぐに話せる！韓国旅行重要フレーズ

Lesson 26 屋台で

ショート対話

□ A: 食べてみる？

먹어 볼래?
モゴ　ボルレ
食べて

□ A: お口に合いますか。

입에 맞으세요?
イベ　マジュセヨ
お口に　合いますか

□ A: どう？ おいしい？

어때? 맛있어?
オッテ　マシッソ

□ B: とてもおいしいわ。

네, 참 맛있어요.
ネ　チャムマシッソヨ

関連表現・単語

■ 金額を確認

注文する時には，金額を確認するようにすると安心ですね。

「ビールはいくらですか」

맥주는 얼마예요?
メクチュヌン　オルマエヨ

すぐに使えるフレーズ

☐ ここに座ってもいいですか。

여기 앉아도 돼요?
ヨギ　　アンジャド　　ドェヨ
ここに　座っても

⇒「この席は空いていますか」は　여기 자리 있어요? [ヨギ チャリ イッソヨ]

☐ 2つください。

두개 주세요.　← ほしいものを指差しながら
トゥゲ　　チュセヨ
2つ

☐ おでんをください。

오뎅 주세요.
オデン　チュセヨ

☐ トッポギをください。

떡볶이 주세요.
トッポッキ　　チュセヨ

「腸詰」は "순대"
スンデ

☐ 焼き鳥をください。

닭꼬치 주세요.
タクコッチ　　チュセヨ
焼き鳥を

☐ のり巻きを包んでください。

김밥을 싸 주세요.
キムパブル　　サ　　ジュセヨ
のり巻き　　包んで

■食事する

塩	소금	ソグム
からし	겨자	キョジャ
大根	무	ム
ほうれんそう	시금치	シグムチ
味噌	된장	テンジャン
牛肉	소고기	ソゴギ
白菜	배추	ペッチュ
梨	배	ペ
唐辛子味噌	고추장	コッチュジャン
豚肉	돼지고기	テジゴギ
にんにく	마늘	マヌル
すいか	수박	スバク
しょうゆ	간장	カンジャン
鶏肉	닭고기	タッコギ
ちしゃ	상추	サンチュ
りんご	사과	サグァ
砂糖	설탕	ソルタン
かき	굴	クル
にんじん	당근	タングン
みかん	귤	キュル
こしょう	후추	フッチュ
えび	새우	セウ
大豆もやし	콩나물	コンナムル
いちご	딸기	タルギ
酢	식초	シクチョ
ねぎ	파	パ

食堂	식당	シクタン
韓定食	한정식	ハンジョンシク
日食（和食）	일식	イルシク
ごはん	밥	パプ
ビビンバ	비빔밥	ピビムパプ
餃子	만두	マンドウ
チゲ（鍋料理）	찌개	チゲ
コムタン	곰탕	コムタン
参鶏湯	삼계탕	サムゲッタン
汁／スープ	국	クク
冷麺	냉면	ネンミョン
焼肉	불고기	プルゴギ
ナムル	나물	ナムル
チヂミ	전	チョン
箸	젓가락	チョッカラク
もち	떡	トク
のり巻き	김밥	キムパプ
キムチ鍋	김치찌개	キムチッチゲ
豆腐なべ	순두부	スンドゥブ
味噌なべ	된장찌게	テンジャンチゲ
氷	얼음	オルム
牛乳	우유	ウユ
水	물	ムル
麦茶	보리차	ポリッチャ
酒	술	スル
ビール	맥주	メクチュ
焼酎	소주	ソジュ
マッコリ	막걸리	マッコルリ

PART 4　すぐに話せる！韓国旅行重要フレーズ

Lesson 27 観光する

ショート対話

□ A: 天気がいいですね。

날씨가 좋네요.
ナルシガ　　　チョンネヨ
天気が

□ B: 遊園地に行きましょうか。

유원지에 갈까요?
ユウォンジエ　　カルカヨ
遊園地に　　　行きましょうか

□ A: タバコを吸ってもいいですか。

담배를 피워도 돼요?
タムベルル　ピウォド　　ドェヨ
タバコを　　吸っても

□ B: 私はタバコの煙が苦手です。

나는 담배연기가 질색이에요.
ナヌン　　タムベヨンギガ　　　　チルセギエヨ
　　　　タバコの煙が　　　　　苦手です

関連表現・単語

■発音に注意

「案内所」안내소 [アンネソ] と、

「案内書」안내서 [アンネソ] の発音のちがいに注意しましょう。

すぐに使えるフレーズ

☐ 観光案内所はどこですか。

관광안내소는 어디예요?
クァングァンアンネソヌン　オディエヨ
観光案内所は　　　　　　どこですか

☐ 市内地図をお願いします。

시내지도 부탁해요.
シネジド　　プッタッケヨ
市内地図を

☐ 観光ツアーはありますか。

관광투어 있어요?
クァングァントゥオ　イッソヨ
観光ツアー

☐ このツアーのパンフレットをください。

이 투어 팜플랫 주세요.
イ　　トゥオ　パムプルレッ　チュセヨ
この　ツアーの　パンフレットを

☐ 市内観光をしたいです。

시내관광 하고 싶어요.
シネグァングァン　ハゴ　シッポヨ
市内観光　　　　したいです

☐ 日本語の案内書はありますか。

일본어　안내서는　있어요?
イルボノ　アンネソヌン　イッソヨ
日本語の　案内書は

☐ 見どころを教えてください。

볼만한　곳을　가르쳐　주세요.
ポルマナン　ゴスル　カルッチョ　ジュセヨ
見どころを　　　　教えて

☐ 最も有名なところを教えてください。

제일　유명한　곳을　가르쳐　주세요.
チェイル　ユミョンハン　ゴスル　カルッチョ　ジュセヨ
最も　有名なところを

☐ 史跡を訪問したいです。

사적을　방문　하고　싶어요.
サジョグル　パンムン　ハゴ　シッポヨ
史跡を　　訪問

漢字語

☐ バスで行けますか。

버스로　갈　수　있어요?
ポスロ　カル　ス　イッソヨ
バスで　　行けますか

⇒「地下鉄で」"지하철로［チハッチョルロ］"などと入れ替えて使いましょう。

● Lesson 27 観光する

□ そこへ行って一日で戻って来られますか。

거기에 가서 하루에 돌아올 수 있어요?
コギエ　　カソ　　ハルエ　　トラオル　　ス　イッソヨ
そこへ　　行って　一日で　　戻って来られますか

⇒「そこへ」ではなく，「ソウルから春川まで」と言うときは，
　"거기에 [コギエ]"の代わりに
　"서울에서 춘천까지 [ソウレソ チュンチョンカジ]"を入れます。

□ それ全部を1日で見られますか。

그것 전부 하루에 볼 수 있어요?
クゴッ　チョンブ　ハルエ　　ポル　ス　イッソヨ
　　　　全部　　　1日で　　見られますか

発音が日本語に似ている漢字語です。

【美術館・博物館…】

□ 美術館に行きたいです。

미술관에 가보고 싶어요.
ミスルグァネ　　カボゴ　　シッポヨ
美術館に　　　　行きたいです

⇒「博物館に行きたい」なら，"미술관 [ミスルグァン]"の代わりに
　"박물관 [パンムルグァン]"を入れます。

□ この博物館のパンフレットはありますか。

이 박물관 팜플랫 있어요?
イ　パンムルグァン　パムプルレッ　イッソヨ
この　博物館　　　パンフレット

☐ このパンフレットをください。

이 팜플렛 주세요.
イ　パムプルレッ　チュセヨ
この　パンフレットを

☐ この建物の中に入ることはできますか。

이 건물 안에 들어갈 수 있어요?
イ　コンムル　アネ　トゥロガル　ス　イッソヨ
　　　建物の中に　　　入ることは

☐ さわってもいいですか。

만져도 돼요?
マンジョド　ドェヨ
さわっても

☐ ここに座ってもいいですか。

여기에 앉아도 돼요?
ヨギエ　アンジャド　ドェヨ
ここに　座っても

☐ ここに私の物を置いてもいいですか。

여기에 내 물건을 놓아도 돼요?
ヨギエ　ネ　ムルゴヌル　ノアド　ドェヨ
　　　私の物を　　　置いても

● Lesson 27 観光する

□ 何時に閉館しますか。

몇 시에 문 닫아요?
ミョッ シエ　　　ムン　タダヨ
何時に　　　　　閉館しますか

□ 何時に開館しますか。

몇시에 문 열에요?
ミョッシ エ　　　ムン　ヨロヨ
　　　　　　　　　開館しますか

□ トイレはどこですか。

화장실이 어디예요?
ファジャンシリ　　オディエヨ
トイレは

⇒ "화장실［ファジャンシル］" は 化粧室 という漢字語。

□ ここでタバコを吸ってもいいですか。

여기서 담배를 피워도 돼요?
ヨギソ　　　タムベルル　　ピウォド　　　ドェヨ
ここで　　　タバコを　　　吸っても

□ 出口がどこか教えてください。

출구가 어딘지 가르쳐 주세요.
チュルグガ　　オディンジ　　カルッチョ　　ジュセヨ
出口が　　　　どこか　　　　教えて

←→ 「入口」は "입구"
　　　　　　　　イプク

Lesson 28 写真を撮る

ショート対話

□ A: フラッシュを使ってもいいですか。

플래시를 사용해도 돼요?
プルレシルル　サヨンヘド　ドェヨ
フラッシュを　使っても　「〜しても」

□ B: はい, いいですよ。

네, 그러세요.
ネ　クロセヨ

□ A: 写真を撮っていただけますか。

사진을 찍어 주시겠어요?
サジヌル　チゴ　ジュシゲッソヨ
写真を　撮って　いただけますか

□ B: はい, いいですよ。

네, 그러세요.
ネ　クロセヨ

関連表現・単語

◇「ここで写真を撮ってもいいですか」

여기서 사진을 찍어도 돼요?
ヨギソ　サジヌル　チゴド　ドェヨ
ここで　写真を　撮っても

「あなたの写真を撮ってもいいですか」なら, 上の文の "여기서" の代わりに, "당신의"（あなたの）を入れます。
ヨギソ　　　　　　　タンシネ

すぐに使えるフレーズ

☐ ここで写真を撮ってもいいですか。

여기서 사진을 찍어도 돼요?
ヨギソ　　　サジヌル　　　チゴド　　　ドェヨ
ここで　　　写真を　　　撮っても

☐ このボタンを押すだけです。

이 버튼만 누르면 돼요.
イ　　ポットゥンマン　　ヌルミョン　　ドェヨ
この　ボタンを　　　　押すだけ

☐ はい, 撮ってください。

네, 찍으세요.
ネ　　チグセヨ
はい　撮ってください

세요/으세요を使うとやわらかい表現になります。

☐ にっこりしてください。

웃으세요.
ウスセヨ

☐ はい, キムチー。

네, 김치.
ネ　キムチ

写真を撮るときの掛け声です。

☐ もう1枚撮っていただけますか。

한장 더 찍어 주시겠어요?
ハンジャン　ト　チゴ　　ジュシゲッソヨ
もう1枚　　　　撮って

PART 4 すぐに話せる！韓国旅行重要フレーズ

Lesson 29 エステ・マッサージ

ショート対話

□ A: 痛くないですか。

아프지 않아요?
アップジ　　アナヨ

□ B: 大丈夫です。

괜찮아요.
クェンチャナヨ

□ A: オプションはいかがですか。

옵션은 어떠세요?
オプショヌン　　オットセヨ

□ B: けっこうです。

괜찮아요.
クェンチャナヨ

関連表現・単語

◇「痛いです」
아파요.
アッパヨ

◇「気持ちいいです」
기분이 좋아요.
キブニ　　チョアヨ

すぐに使えるフレーズ

☐ どんなコースがありますか。

어떤 코스가 있어요?
オットン　コスガ　　　　イッソヨ
どんな　　コースが

☐ 料金表を見せてもらえますか。

요금표를 보여 주시겠어요?
ヨグムピョルル　　ポヨ　　ジュシゲッソヨ
料金表を　　　　　見せて　もらえますか

☐ 何時間くらいかかりますか。

몇 시간쯤 걸려요?
ミョッ　シガンチュム　コルリョヨ
何時間くらい　　　　　かかりますか

☐ アカすりもやってもらえるのですか。

때도 밀어 줘요?
テド　　ミロ　　ジョヨ
アカすりも　やってもらえるのですか

☐ アカすりはけっこうです。

때밀이는 안해요.
テミリヌン　　　アネヨ
アカすりは　　　けっこうです

☐ 弱くしてください。

살살 해 주세요.
サルサル　　ヘ　　ジュセヨ
弱くして

PART 4
すぐに話せる！韓国旅行重要フレーズ

159

Lesson 30 観劇・観戦

ショート対話

☐ A: 伝統舞踊を見たいのですが。

전통무용을 보고 싶은데요.
チョントンムヨンウル　　ポゴ　　シップンデヨ
伝統舞踊を　　　　　　　　　　見たいのですが

☐ A: 当日券はありますか。

당일표 있어요?
タンイルピョ　イッソヨ
当日券

☐ B: 売り切れです。

매진입니다.
メジニムニダ

覚えておくと役立ちます。

関連表現・単語

■応援の表現

「勝て！」
이겨라!
イギョラ

「いいぞ！」
잘했어!
チャレッソ

「がんばれ！」
힘내라
ヒムネラ

すぐに使えるフレーズ

☐ 今, 何が流行っていますか。

지금 무엇이 유행하고 있습니까?
チグム　ムオシ　　ユヘンハゴ　　　イッスムニッカ
今　　　何が　　　流行っていますか

☐ 韓国の映画が見たいです。

한국 영화를 보고 싶어요.
ハングゥ　ヨンファルル　ポゴ　シッポヨ
韓国の　　映画が

☐ 早く行きましょうか。

빨리 갈까요?
パルリ　カルカヨ
早く　　行きましょうか

☐ どんな映画ですか。

어떤 영화예요?
オットン　ヨンファエヨ
どんな　　映画ですか

☐ どんな映画が好きですか。

어떤 영화를 좋아하세요?
オットン　ヨンファルル　チョアハセヨ
　　　　　　　　　　　好きですか

PART 4

すぐに話せる！韓国旅行重要フレーズ

【チケットを買う】

☐ 入場料はいくらですか。

입장료는 얼마예요?
イプチャンニョヌン　オルマエヨ
入場料は

☐ 大人2枚とこども1枚ください。

어른 두 장하고 어린이 한 장 주세요.
オルン　トゥ　ジャンハゴ　オリニ　ハンジャン　チュセヨ
大人　2枚と　　　こども　1枚

⇒話し言葉で使われる"하고［ハゴ］"（〜と）は直前のパッチムの有無よる使い分けはありません。（→ p.92）

☐ 席を予約をしたいのですが。

자리를 예약하고 싶은데요.
チャリルル　イエヤッカゴ　シップンデヨ
席を　　　予約を

☐ ここに座ってもいいですか。

여기에 앉아도 돼요?
ヨギエ　アンジャド　ドェヨ
ここに　座っても

☐ 私の席はどこですか。

제 자리는 어디예요?
チョ　チャリヌン　オディエヨ
私の　席は

● Lesson 30 観劇・観戦

【映画館・劇場で】

□ 次に上映する映画のチケットはまだ買えますか。

다음 상영 영화표 아직 살 수 있어요?
タウム サンヨン ヨンファッピョ アジク サル ス イッソヨ
次に 上映する 映画のチケット まだ 買えますか

⇒「映画館」のことを、ふつう"극장 [クゥジャン]"(劇場)と言います。

□ 次は何時に始まりますか。

다음은 몇 시에 시작해요?
タウムン ミョッ シエ シージャッケヨ
次は 何時に 始まりますか

□ 大人2枚ください。

어른 두장 주세요.
オルン トゥジャン チュセヨ
大人 2枚

□ この席はどこですか。(チケットを見せながら)

이 좌석 어디예요?
イ チャソク オディエヨ

□ 今トイレに行ってもいいですか。

지금 화장실에 가도 돼요?
チグム ファジャンシレ カド ドェヨ
今 トイレに 行っても

⇒ "화장실 [ファジャンシル]"は「化粧室」。
　トイレットペーパーは"화장지 [ファジャンジ]",「化粧紙」という漢字語。

PART 4

すぐに話せる！韓国旅行重要フレーズ

【スポーツ観戦】

□ サッカーの競技場はどこですか。

축구경기장은 어디예요?
チュックギョンギジャウン　　オディエヨ
サッカーの競技場は

□ どちらのファンですか。

어느쪽 팬이에요?
オヌチョク　　ペニエヨ
どちらの　　ファンですか

□ 試合は何時からですか。

시합은 몇 시부터예요?
シハブン　　ミョッ シブトエヨ
試合は　　何時からですか

□ 自由席はありますか。

자유석은 있어요?
チャユソグン　　イッソヨ
自由席は

□ 自由席はいくらですか。

자유석은 얼마예요?
チャユソグン　　オルマエヨ

□ 指定席はありますか。

지정석은 있어요?
チジョンソグン　　イッソヨ
指定席は

● Lesson 30 観劇・観戦

■観光・観劇・娯楽

観光案内所	案内書	博物館	出口
관광안내소	안내서	박물관	출구
クァングァンアンネソ	アンネソ	パンムルグァン	チュルグ

市内観光	カラオケボックス	映画館	入口
시내관광	노래방	영화관	입구
シネグァングァン	ノレバン	ヨンファグァン	イプク

地図	サウナ	俳優	卓球
지도	사우나	배우	탁구
チド	サウナ	ペウ	タック

入場料	撮影禁止	劇場	水泳
입장료	촬영금지	극장	수영
イプチャンニョ	チャリョングムジ	ククチャン	スヨン

チケット売り場	写真	指定席	バスケットボール
예매소	사진	지정석	농구
イエメソ	サジン	チジョンソク	ノング

席	記念写真	自由席	バレーボール
자리	기념사진	자유석	배구
チャリ	キニョムサジン	チャユソク	ペグ

史跡	美術館	トイレ	韓国相撲
사적	미술관	화장실	씨름
サジョク	ミスルグァン	ファジャンシル	シルム

PART 4 すぐに話せる！韓国旅行重要フレーズ

Lesson 31 銀行・両替で

ショート対話

□ A: 日本円を両替してください。

일본 엔을 바꿔 주세요.
イルボン エヌル パックォ ジュセヨ

□ B: パスポートをお願いします。

여권 주세요.
ヨックォン チュセヨ

□ A: 今日の為替レートはいくらですか。

오늘의 환율은 얼마예요?
オヌレ ファニュルン オルマエヨ

□ A: 書いてください

써 주세요.
ソ ジュセヨ

関連表現・単語

◇「5万円をウォンに換えてください」

오만 엔을 원으로 바꿔 주세요.
オマネヌル ウォヌロ パックォ ジュセヨ
5万円を ウォンに 換えて

⇒「日本円」は "일본 엔 [イルボン エン]"

すぐに使えるフレーズ

【銀行を利用する】

☐ 近くに銀行はありませんか。

근처에 은행은 없어요?

クンチォエ	ウネヌン	オプソヨ
近くに	銀行は	ありませんか

☐ キャッシングをしたいのですが。

현금으로 바꾸고 싶은데요.

ヒョングムロ	パクゴ	シップンデヨ
キャッシングを		

☐ どのATMが使えますか。

어느 ATM을 쓰면 돼요?

オヌ	エイティエムル	スミョン	ドェヨ
どの	ATMが	使えますか	

【両替する】

☐ 両替所はどこですか。

환전소는 어디예요?

ファンジョンソヌン	オディエヨ
両替所は	

PART 4 すぐに話せる！韓国旅行重要フレーズ

□ 両替をお願いします。

환전을 부탁해요.
ファンジョヌル　プッタッケヨ
両替を

□ 今日の交換レートはいくらですか。

오늘의 환율은 얼마예요?
オヌレ　　ファニュルン　　オルマエヨ
今日の　　交換レートは

□ 日本円を両替してください。

일본 엔을 바꿔 주세요.
イルボン　エヌル　パックォ　ジュセヨ
日本円を　　　　両替して

「日本のお金」なら
"일본돈"
イルボントン

□ 替えてください。（日本円を差し出しながら）

바꿔 주세요.
パックォ　ジュセヨ

□ ウォンに替えてください。

원으로 바꿔 주세요.
ウォヌロ　　パックォ　ジュセヨ
ウォンに

□ 5万円お願いします。

오만 엔 부탁해요.
オマ　　ネン　プッタッケヨ
5万円

● Lesson 31 銀行・両替で

□ 何ウォンになりますか。

원으로 얼마가 됩니까?
ウォヌロ　　オルマガ　　　　トェムニッカ

□ 小銭もまぜてください。

잔돈도 섞어 주세요.
チャンドンド　ソッコ　ジュセヨ
小銭も　　　まぜて

□ コインもまぜてください。

동전도 섞어 주세요.
トンジョンド　ソッコ　ジュセヨ
コインも

□ トラベラーズチェックを現金に替えたいのですが。

여행자 수표를 현금으로 바꾸고
ヨヘンジャ　スッピョルル　ヒョングムロ　　パックゴ
トラベラーズチェックを　　　現金に

싶어요.
シッポヨ

□ パスポートを見せてください。

여권 보여 주세요.
ヨックォン　ポヨ　ジュセヨ
パスポートを　見せて

PART 4

すぐに話せる！韓国旅行重要フレーズ

169

Lesson 32 郵便局で

ショート対話

□ A: どのくらいで着きますか。

어느 정도 걸려요?
オヌ　チョンド　コルリョヨ
どのくらいで　　着きますか

□ B: 4日くらいかかります。

사일 정도 걸려요.
サイル　チョンド　コルリョヨ
4日くらい

□ A: 国際スピード郵便(EMS)でお願いします。

EMS로 해 주세요.
イエメスロ　ヘ　ジュセヨ
EMSで

□ B: はい, わかりました。

네, 알겠습니다.
ネ　アルゲッスムニダ

関連表現・単語…

■数字に関する表現

「500ウォンの切手を5枚ください」というときなど,数字に関する表現は意外と難しく,相手にも正確に伝わりにくいときがあるものです。
自信のないときには,紙に書き,それを見せながら言えばいいでしょう。

「1枚」"**한 장** [ハン ジャン]"　「2枚」"**두 장** [トゥ ジャン]"
「何枚」"**몇 장** [ミョッ チャン]"

すぐに使えるフレーズ

[切手を買う]

☐ 郵便局はどこですか。

우체국은 어디예요?
ウッチェグン　　オディエヨ
郵便局は

はがき、封書、小包みの送付方法は日本の郵便局とほぼ同じです。

☐ 切手をください。

우표 주세요.
ウッピョ　チュセヨ
切手

☐ 500ウォンの切手を5枚ください。

오백원짜리 우표 다섯장 주세요.
オベグォンチャリ　　ウッピョ　　タソッチャン　チュセヨ
500ウォンの　　　　切手　　　5枚

☐ 記念切手はありますか。

기념우표 있어요?
キニョムウッピョ　イッソヨ
記念切手

記念切手は、旅の思い出やお土産として購入するのもいいですね。

⇒「絵はがき」は "그림엽서 [クリムニョプソ]"

☐ 航空書簡をください。

항공서간 주세요.
ハンゴンソガン　　チュセヨ
航空書簡を

PART 4　すぐに話せる！韓国旅行重要フレーズ

□ 速達でお願いします。

속달로 부탁해요.
ソクタルロ　　　プッタッケヨ
速達で

□ 日本へ送りたいのですが。

일본에 보내고 싶은데요.
イルボネ　　　ポネゴ　　　　シップンデヨ
日本へ　　　送りたいのですが

[小包などを送る]

□ 航空便でお願いします。

항공편으로 부탁해요.
ハンゴンピョヌロ　　　プッタッケヨ
航空便で

□ この小包を日本へ送りたいのですが。

이 소포를 일본에 보내고 싶은데요.
イ　ソッポルル　　イルボネ　　ポネゴ　　　シップンデヨ
この小包を　　　日本へ

□ 日本まではいくらですか。

일본까지 얼마예요?
イルボンカジ　　オルマエヨ
日本までは

● Lesson 32 郵便局で

□ 中身は何ですか。

내용물이 뭐예요?
ネヨンムリ　　ムォエヨ
中身は　　　　何ですか

□ 壊れやすい物があります。

깨지기 쉬운 물건이 있어요.
ケジギ　　シウン　　ムルゴニ　　イッソヨ
壊れやすい物が

■両替・郵便局

【両替】

窓口
창구
チャング

両替
환전
ファンジョン

銀行
은행
ウネン

両替所
환전소
ファンジョンソ

為替レート
환율
ファニュル

小銭
잔돈
チャンドン

現金
현금
ヒョングム

日本円
일본엔
イルボンエン

【郵便局】

郵便局
우체국
ウチェグク

切手
우표
ウッピョ

記念切手
기념우표
キニョムッピョ

はがき
엽서
ヨプソ

絵はがき
그림엽서
クリムニョプソ

小包
소포
ソッポ

速達
속달
ソクタル

船便
선편
ソンピョン

航空便
항공편
ハンゴンピョン

書留
등기
トゥンギ

郵便番号
우편번호
ウピョンボノ

Lesson 33 病気・症状

ショート対話

□ A: どこが痛いですか。(どんな具合ですか。)

어디가 아프세요?
オディガ　　アップセヨ
　　　　　　痛いですか

□ B: おなかが痛いです。

배가 아파요.
ペガ　　アッパヨ
おなか　痛いです

□ A: どうしましたか。

어떻게 오셨어요?
オットッケ　オショッソヨ

□ B: 熱が38度あります。

열이 38도예요.
ヨリ　　サムシプパルトエヨ
熱が　　38度

関連表現・単語

■具体的に指で示す

「ここが痛いです」

여기가 아파요
ヨギガ　　アッパヨ
ここが　　痛いです。

すぐに使えるフレーズ

【薬局へ行く】

□ 薬局へ行きたいです。

약국에 가고 싶어요.
ヤックゲ　　カゴ　　シッポヨ
薬局へ　　　行きたいです

（薬）

□ カゼをひいています。

감기 걸렸어요.
カムギ　　コルリョッソヨ
カゼを　　ひいています

□ 風邪薬をください。

감기약을 주세요.
カムギヤグル　　チュセヨ
風邪薬を

□ 頭痛薬をください。

두통약을 주세요.
トゥットンヤグル　　チュセヨ
頭痛薬を

□ 目薬をください。

안약을 주세요.
アニャグル　　チュセヨ
目薬を

⇒目薬は"눈약［ヌンニャク］"と言ってもかまいません。

☐ ばんそうこうをください。

반창고 주세요.
パンチャンゴ　　チュセヨ

【病院へ行く】

病院に行きたいときにはホテルのフロントに頼むのがいちばん。

☐ 病院に行きたいのですが。

병원에 가고 싶은데요.
ピョンウォネ　カゴ　　シップンデヨ
病院に　　　　行きたいのですが

☐ 救急車を呼んでください。

구급차를 불러 주세요.
クグプチャルル　　プルロ　　ジュセヨ
救急車を　　　　呼んで

☐ 予約をしていただけないでしょうか。

예약해 주시겠어요?
イェヤッケ　　ジュシゲッソヨ
予約を

● Lesson 33 病気・症状

【診察を受ける】

□ 診察をお願いします。

진찰해 주세요.
チンチャレ　　ジュセヨ
診察を

□ お医者さんに診てもらいたいのですが。

의사에게 진찰을 받고 싶은데요.
ウィサエゲ　　チンチャルル　パッコ　シップンデヨ
お医者さんに　　診てもらいたいのですが

□ 私はアレルギーがあります。

저는 알레르기가 있어요.
チョヌン　アルレルギガ　　イッソヨ
　　　　アレルギーが

□ のど痛いです。

목이 아파요.
モギ　アッパヨ
のどが　痛いです

「〜(が)痛いです」のパターン

□ 頭が痛いです。

머리가 아파요.
モリガ　　　アッパヨ
頭が

□ 歯が痛いです。

이가 아파요.
イガ　　アッパヨ
歯が

PART 4

すぐに話せる！韓国旅行重要フレーズ

□ 下痢をしています。

설사가 나요.
ソルサガ　　　ナヨ
下痢を　　　　しています

□ せきが出ます。

기침을 합니다.
キチムル　　　ハムニダ

□ この薬は副作用がありますか。

이 약은 부작용이 있어요?
イ　ヤグン　　プジャギョンイ　　イッソヨ
この　薬は　　副作用が

⇒「眠くなる薬」もありますから，車を運転するときには必ず確認するようにしましょう。

□ どうやって飲めばいいですか。

어떻게 먹으면 돼요?
オットッケ　　モグミョン　　ドェヨ
どうやって　　飲めば　　　いいですか

□ 診断書がほしいのですが。

진단서를 받고 싶은데요.
チンダンソルル　　パッコ　　シップンデヨ
診断書が　　　　　　　　　ほしいのですが

⇒「診断書」も漢字語です。"진단서 [チンダンソ]"

■病気・症状

救急車	구급차	クグプチャ
手術	수술	ススル
下痢止め	설사약	ソルサヤク
下痢	설사	ソルサ
内科	내과	ネックァ
注射	주사	チュサ
抗生物質	항생제	ハンセンジェ
打撲	타박상	タバクサン
外科	외과	ウェックァ
目薬	안약	アニャク
アレルギー	알레르기	アルレルギ
骨折	골절	コルチョル
歯科	치과	チックァ
漢方薬	한약	ハニャク
鼻カゼ	코감기	コガムギ
生理	생리	センニ
眼科	안과	アンクァ
かぜ薬	감기약	カムギヤク
頭痛	두통	トゥットン
高血圧	고혈압	コヒョラプ
婦人科	산부인과	サンブインクァ
鎮痛剤	진통제	チントンジェ
腹痛	복통	ポクトン
低血圧	저혈압	チョヒョラプ
小児科	소아과	ソアックァ
胃腸薬	위장약	ウィジャンニャク
食あたり	식중독	シクチュンドク
貧血	빈혈	ピニョル

Lesson 34 紛失・盗難

ショート対話

□ A: 財布をなくしてしまいました。

지갑을 잃어 버렸어요.
チガブル　　イロ　　ボリョッソヨ

□ B: いつなくされたのですか。

언제 잃어 버렸어요?
オンジェ　イロ　　ポリョッソヨ

□ A: クレジットカードを紛失しました。

신용 카드를 잃어 버렸어요.
シニョン　カドゥルル　イロ　　ボリョッソヨ

□ A: クレジットカードを停止にしたいのですが。

카드를 정지 하고 싶은데요.
カドゥルル　チョンチ　ハゴ　シップンデヨ

関連表現・単語

◇「日本大使館の電話番号を知りたいのですが」

일본대사관의 전화번호를 알고 싶은데요.
イルボンテサグァネ　　チョナボノルル　　アルゴ　シップンデヨ
日本大使館の　　　　電話番号を　　　知りたいのですが

すぐに使えるフレーズ

☐ 警察を呼んでください。

경찰을 불러 주세요.
キョンチャルル　プルロ　ジュセヨ
警察を　　　　呼んで

「救急車を」なら "クグプチャルル" 구급차를

☐ 日本語のできる人はいますか。

일본어 아는 사람 있어요?
イルボノ　　アヌン　　サラム　　イッソヨ
日本語の　　できる人は

☐ 日本語でいいですか。

일본말도 괜찮아요?
イルボンマルド　　クェンチャナヨ
日本語で　　　　いいですか

⇒「～いいですか」は

"～ 괜찮아요 [クェンチャナヨ]?" と聞きます。

☐ 助けてください。

도와 주세요.
トワ　　ジュセヨ
助けて

PART 4　すぐに話せる！韓国旅行重要フレーズ

□ 道に迷いました。

길을 잃었어요.
キルル　イロッソヨ
道に　　迷いました

□ カバンをなくしてしまいました。

가방을 잃어 버렸어요.
カバンウル　イロ　ボリョッソヨ
かバンを　　なくしてしまいました

⇒ "잃어" は「迷う」だけでなく、「忘れる」や「なくす」という意味でも使います。

□ 財布を落としました。

지갑을 떨어뜨렸어요.
チガブル　トロットゥリョッソヨ
財布を　　落としました

□ パスポート(旅券)をなくしてしまいました。

여권을 잃어 버렸어요.
ヨックォヌル　イロ　ボリョッソヨ
パスポート

● Lesson 34 紛失・盗難

□ 財布が盗まれました。

지갑을 도난 당했어요.
チガブル　　　トナン　　　タンヘッソヨ
財布　　　　　盗まれ

□ 盗難にあいました。(盗まれました)

도난 당했어요.
トナン　　タンヘッソヨ
盗難　　　あいました

　　漢字語です。

□ 盗難届けを出したいです。

도난 신고를 하고 싶어요.
トナン　シンゴルル　　ハゴ　　シッポヨ
盗難届けを　　　　　　出したいです

⇒ "도난 신고 [トナンシンゴ]" は「盗難申告」という漢字語です。

□ 盗難証明書をください。

도난 증명서를 주세요.
トナン　　チュンミョンソルル　チュセヨ
盗難証明書を

□ 日本大使館はどこにありますか。

일본대사관이 어디에 있어요?
イルボンテサグァニ　　オディエ　　イッソヨ
日本大使館は　　　　どこに

PART 4

すぐに話せる！韓国旅行重要フレーズ

【助けを求める】

□ 助けて！

살려 주세요!
サルリョ　ジュセヨ

⇒ 大声を出し，身ぶり手ぶりで近くの人に助けを求めましょう。

□ 泥棒！

도둑이야!
トドゥギヤ

⇒ 町中でひったくりにあった時などにも使えます。

□ スリだ！

소매치기야!
ソメッチギヤ

⇒ こんなトラブル表現は使いたくありませんね。

□ だれか捕まえて！

잡아 주세요!
チャバ　ジュセヨ

● Lesson 34 紛失・盗難

□ やめてください！

이러지 마세요!
イロジ　　　マセヨ

하지 마세요!
ハジ　　　マセヨ

□ やめて！

하지 마!
ハジ　　マ

□ 火事だ！

불이야!
プリヤ

□ 火事が起きました。

불이 났어요.
プリ　　ナッソヨ
火事が　起きました

Lesson 35 機内・空港で

ショート対話

【入国審査・税関検査】

□ A: 旅行の目的は何ですか。

여행목적이 무엇입니까?
ヨヘンモクチョギ　　　ムオシムニッカ

□ B: 観光です。

관광입니다.
クァングァンイムニダ

発音が難しかったら "비지네스" [ビジネス]

⇒ 仕事で韓国に入国するときは，"상용입니다 [サンヨンイムニダ]．

□ A: 申告するものはありますか。

신고할 물건이 있어요?
シンゴハル　ムルゴニ　　イッソヨ

□ B: いいえ, 何もありません。

아니요, 아무 것도 없어요.
アニヨ　　アム　　ゴット　オプソヨ
　　　　　何も

「ありません」

関連表現・単語

A:「パスポートを見せてください」

패스포트를 보여 주세요.
ペスポットゥルル　ポヨ　ジュセヨ

B:「はい, これです」

네, 여기 있어요.
ネ　ヨギ　イッソヨ

すぐに使えるフレーズ

【機内で】

□ すみません。ちょっと通してください。

미안해요. 좀 비켜 주세요.
ミアネヨ　　　　チョム　ピッキョ　ジュセヨ
　　　　　　　　ちょっと　通して

□ 席を替えてください。

자리를 좀 바꿔 주세요.
チャリルル　　チョム　　パックォ　ジュセヨ
席を　　　　（ちょっと）　替えて

⇒「窓側」"창쪽 [チャンチョク]"

⇒「通路側」"통로쪽 [トンノッチョク]"

□ 日本語の新聞はありますか。

일본 신문은 있어요?
イルボン　　シンムヌン　　　イッソヨ
日本語の　　新聞は

⇒「韓国の新聞」なら"한국 신문 [ハングクシンムン]"

⇒「雑誌」は"잡지 [チャプチ]"

□ 今トイレに行ってもいいですか。

지금 화장실에 가도 돼요?
チグム　　ファジャンシレ　　カド　　ドェヨ
　　　　　トイレに　　　　行っても

PART 4　すぐに話せる！韓国旅行重要フレーズ

187

【空港で】

□ 日本航空のカウンターはどこにありますか。

일본 항공 카운터 어디에 있어요?
イルボン　　ハンゴン　　カウント　　　オディエ　　　イッソヨ
日本航空の　　　　　　　カウンター

□ 大韓航空のカウンターはどこにありますか。

대한 항공 카운터 어디에 있어요?
テハン　　　ハンゴン　　カウント　　　オディエ　　　イッソヨ
大韓航空の

□ 予約を変更したいです。

예약 변경 하고 싶어요.
イェヤク　　ピョンギョン　　ハゴ　　　シッポヨ
予約　　　　変更

□ この航空券を換えられますか。

이 항공권 바꿀 수 있어요?
イ　　　ハンゴンクォン　　パクル　　ス　　イッソヨ
この　　航空券　　　　　換えられますか

● Lesson 35 機内・空港で

□ 友だちと隣り合わせの席をお願いします。

친구와 나란히 앉을 자리 부탁해요.
チングワ　　ナラニ　　　　アンジュル　チャリ　　プッタッケヨ
友だちと　　隣り合わせの　　　　　　　席　　　お願いします

□ 前方の席をお願いします。

앞쪽 자리 부탁해요.
アプチョク　チャリ　　　プッタッケヨ
前方の

⇒「後方」は"뒷쪽［トゥイッチョク］"
⇒「真ん中」は"중간［チュンガン］"

□ ここでチェックインできますか。

여기서 체크인 할 수 있어요?
ヨギソ　　　　チェックイン　ハル　ス　イッソヨ
ここで

⇒ "~ 할 수 있어요［ハルス イッソヨ］?" は「~できますか」という意味ですね。

□ 今, 搭乗してもいいですか。

지금 탑승해도 돼요?
チグム　　タプスンヘド　　　ドェヨ
　　　　搭乗しても

⇒「搭乗」は"탑승［タプスン］"。

PART 4

すぐに話せる！韓国旅行重要フレーズ

□ このカバンを機内に持ち込んでもいいですか。

이 가방을 기내에 가져 가도 돼요?
イ　　カバンウル　　キネエ　　　　カジョ　　ガド　　ドェヨ
　　　かバンを　　　機内に　　　　持ち込んでも

⇒「機内」"기내 [キネ]"も漢字語です。

□ このスーツケースを預けたいのですが。

이 슈트케이스 맡기고 싶은데요.
イ　　シュットゥケイス　　　　マッキゴ　　　シップンデヨ
　　　スーツケース　　　　　　預けたいのですが

⇒「預けたいのですが」
"맡기고 싶은데요 [マッキゴ シップンデヨ]."は
旅行中よく使う表現。

□ 荷物が３つあります。

짐이 세 개 있어요.
チミ　　セゲ　　　イッソヨ
荷物が　３つ

⇒「１つ」"한 개 [ハンゲ]"
　「２つ」"두 개 [トゥゲ]"
　「４つ」"네 개 [ネゲ]"
　「５つ」"다섯 개 [タソッケ]"
　「６つ」"여섯 개 [ヨソッケ]"

さっと言い出せるようにしておきましょう。

● Lesson 35　機内・空港で

注）
　入国審査や税関検査において韓国語で聞かれたり，答える必要のある場面はほとんどありません。日本の国際空港でも外国人に対して日本語を使わないのと同じです。わからないときは日本語または英語で話しましょう。韓国語で話してみたい人のために参考までに紹介しておきました。

ブックデザイン	大郷有紀（ブレイン）
編集協力	金素樂
編集担当	斎藤俊樹（三修社）

CD付
バッチリ話せる韓国語

2009 年 5 月 20 日　第 1 刷発行
2011 年 8 月 20 日　第 3 刷発行

監修者　――――浜之上 幸

発行者　――――前田俊秀
発行所　――――株式会社三修社
　　　　　　　　〒 150-0001　東京都渋谷区神宮前 2-2-22
　　　　　　　　TEL 03-3405-4511　FAX 03-3405-4522
　　　　　　　　振替 00190-9-72758
　　　　　　　　http://www.sanshusha.co.jp/

印刷製本　――――壮光舎印刷株式会社
ＣＤ制作　――――三研メディアプロダクト 株式会社

©2009 Printed in Japan
ISBN978-4-384-04248-1 C1087

〈日本複写権センター委託出版物〉
本書を無断で複写複製（コピー）することは，著作権法上の例外を除き，禁じ
られています。本書をコピーされる場合は，事前に日本複写権センター（JRRC）
の許諾を受けてください。
JRRC〈http://www.jrrc.or.jp　email:info@jrrc.or.jp　Tel:03-3401-2382〉